中国龙舟竞赛规则与裁判法

（2020 年版）

中国龙舟协会　审定

人民体育出版社

图书在版编目（CIP）数据

中国龙舟竞赛规则与裁判法：2020年版 / 中国龙舟协会审定. -- 北京：人民体育出版社, 2021 （2024.12重印）
ISBN 978-7-5009-4222-1

Ⅰ. ①中… Ⅱ. ①中… Ⅲ. ①龙舟竞赛—竞赛规则—中国②龙舟竞赛—裁判法—中国 Ⅳ. ①G852.9

中国版本图书馆CIP数据核字(2020)第250331号

*

人 民 体 育 出 版 社 出 版 发 行
廊坊市蓝华印刷有限责任公司印刷
新 华 书 店 经 销

*

880 × 1230　32 开本　6.375 印张　147 千字
2021 年 4 月第 1 版　　2024 年 12 月第 2 次印刷
印数：8,001—11,000 册

*

ISBN 978-7-5009-4222-1
定价：55.00元

社址：北京市东城区体育馆路 8 号（天坛公园东门）
电话：67151482（发行部）　　邮编：100061
传真：67151483　　邮购：67118491
网址：www.psphpress.com
（购买本社图书，如遇有缺损页可与邮购部联系）

总目录

第一篇

中国龙舟竞赛规则与裁判法

（2020年版）

目 录 CONTENTS

前言 PREFACE

起源于中国的龙舟竞渡是龙文化中最能体现龙之精神内涵——“团结合力”的一项水上运动。

几千年来，龙舟竞渡浪击江河湖海，遍传南北西东，演绎了中华的历史与文明，展示了民族的团结和力量。龙舟运动之所以深受广大人民群众的喜爱，是因为它本身具有强烈的民族特色与运动魅力。对炎黄子孙来说，龙舟运动厚重的历史积淀、丰富的文化内涵与崇高的精神寄托是中华民族对龙图腾崇拜的延续与发展。

中国龙舟的历史是一部色彩浓烈的爱国情怀史，各民族传统龙舟正是以龙的创造精神、征服精神和融合精神演绎了古今的历史，不同风格、不同技艺、不同鼓乐、不同服饰以及不同文化内涵是为了纪念那些不能忘却的传奇故事。

公元前 278 年农历五月初五，楚（今湖南、湖北）人屈原怀沙自沉汨罗江，后人有感爱国诗人屈原忧国忧民、以身殉国的情怀，在他的祭日举行龙舟竞渡与祭祀，使龙舟文化平添了殷殷血泪。江苏一带农历五月初五举行的龙舟竞渡祭祀的历史人物是吴国重臣，政治家、军事家伍子胥；浙江许多地方的龙舟竞渡则是为了纪念卧薪尝胆的越王勾践，民间也有传闻是为了纪念孝感天下的曹娥。在少数民族地区，又有不同的文化内涵：广西百色地区壮族龙舟竞渡是为了纪念东汉名将马援（伏波将军），感激他扫平狼烟、稳定边关；云南傣族划象牙舟是为了纪念坚贞守节的柏节夫人；湖南麻阳苗、瑶、畲等族共同敬奉的图腾是盘瓠，流传盘瓠是“龙犬化人形”，是天下蛮族的祖先，他们通常在农历五月十五划狗头舟举行盛大的盘瓠祭；贵州清水江一带划牛头子母舟是纪念传说中杀死恶龙的英雄“保公”。还有包括凤舟、虎头舟和许多形态各异的舟与值得纪念的人物，都与华夏各民族图腾相关，与中华传统美德忠、孝、节、义相连。这些既符合历朝历代执政者所推崇的中国传统道德价值观，亦是中国龙舟文化的社会基石。

龙舟是文化之舟，亦是精神之舟，它承载着追求与理性，它贯穿于历史与未来。今天，龙舟运动伴随着华人在海外的发展而传播到全世界，成为各国各地区人民喜爱的文化体育项目之一。

自 1976 年 6 月，香港举办首届国际龙舟邀请赛开始，龙舟运动在海内外呈现出普及、发展的大趋势。1984 年 5 月，国家体委决定将龙舟列为全国正式开展的体育项目，这是广大人民群众精神文化生活所需；同年 9 月 16 日，广东省佛山市顺德龙江举行了第一届“屈原杯”全国龙舟赛。1985 年 5 月，中国龙舟协会在湖北宜昌成立，龙舟运动在“加强领导、积极提倡、改革提高、稳步发展”的民族体育方针指引下，朝着规范化、科学化的方向健康发展。1991 年 6 月，国际龙舟联合会（IDBF）在香港成立，迄今已有 89 个正式会员组织。1993 年 2 月，亚洲龙舟联合会（ADBF）在澳门成立，目前已有 19 个正式会员组织。1995 年 6 月，国际龙舟联合会第一届世界龙舟锦标赛在湖南省岳阳市成功举办，这是开历史之先河的龙舟盛会，也是中国龙舟走向世界的里程碑。至今，全球五大洲（中国、英国、美国、德国、波兰、澳大利亚、加拿大、捷克、匈牙利、意大利、新西兰、南非、马来西亚等国家和地区）都已相继举办过世界龙舟锦标赛和世界龙舟俱乐部锦标赛两项重要赛事。2001 年 10 月，国际龙舟联合会（IDBF）总部由香港迁到北京。2005 年 9 月，亚奥理事会接纳亚洲龙舟联合会为合法单项体育组织，并管理亚洲区域内龙舟运动的发展。2007 年 4 月，世界体育总会（原国际单项体育联合总会）接纳国际龙舟联合会为正式会员。2010 年 11 月，龙舟项目首次进入亚洲运动会（第 16 届广州亚运会）。为进一步借力推广和普及中国的龙舟运动，2011 年 6 月，国家体育总局社会体育指导中心、中国龙舟协会与中央电视台体育频道联合创办了中华龙舟大赛，把严谨有序的赛事组织和高水平的激烈拼搏场面用电视直播的方式，让全球的电视观众不受时间和空间的限制，能够在第一时间欣赏到精彩纷呈、无与伦比的视觉盛宴，感受赛场上紧张刺激的龙舟运动魅力。2014 年 6 月，福建省福州市成功地举办了国际龙舟联合会第一届龙舟世界杯，这是国际龙舟联合会致力打造的“三大品牌”赛事之一。

“同舟共济、奋勇争先”的龙舟精神推动着龙舟运动的发展。在国际上，龙舟项目已进入世界运动会、亚洲运动会、欧洲运动会、地中海运动会、亚洲沙滩运动会、东南亚运动会等综合性运动会。在国内，龙舟项目已被列为全国运动会、全国冬季运动会、全国少数民族运动会、全国水上运动会、全国农民运动会、全国体育大会、全国青少年运动会等综合性运动会的正式比赛项目。此外，在中国举办的世界华人龙舟赛、国际龙舟邀请赛和国际龙舟节将现代竞技与传统竞渡的风采尽情演绎，不同形式、各具特色的龙舟赛事活动贯穿全年，这是新时代竞技龙舟与传统龙舟文化的新发展。

龙舟文化源于长江流域的荆楚，扩展于巴蜀、吴越，后来到中原、岭南，直渗透到北方，又突破了地域的界限，迅速传播到全世界。蓬勃发展的龙舟运动，从传统体育演绎为竞技体育，从民族体育升华到世界体育，其规则也在沿着科学化、规范化的轨迹发展。中国龙舟协会于1988年第一次出版《中国龙舟竞赛规则与裁判法》，并于1993年、2003年、2014年三次对规则进行了修改。为进一步适应国内外龙舟运动的发展和新形势的需要，中国龙舟协会在总结、研究近几年来成功举办的国内外赛事经验后，对《中国龙舟竞赛规则与裁判法》再作修改和审定，现出版发行《中国龙舟竞赛规则与裁判法（2020年版）》。

中国龙舟协会

2020年12月

第一部分
中国龙舟竞赛规则

第一章　总　则

第1条　定义

1.1　龙舟运动是依靠众多划手以划桨为动力，集竞技、健身、娱乐、祭祀等于一体，通过鼓手、锣手、划手、舵手同心协力的方式推动龙舟前行的体育运动。

1.2　龙舟竞赛是指在尽可能短的时间内，完成规定的距离或拉动对方至相应标记的比赛。

所有形式的龙舟竞赛，必须配备龙头、龙尾、鼓、锣、舵，延续中国民俗传统。根据区域民俗不同特点，龙舟在头、尾造型设计方面包括凤舟、象牙舟、龟舟、虎头舟、牛头舟、天鹅舟、狗头舟、蛇舟等形式的运动，均属龙舟运动范畴（可保留原有形状规格和名称）。

第2条　竞赛形式

2.1　直道赛：指在尽可能短的时间内，通过1000m及以内标志清晰而无任何障碍的直线赛道的竞赛。

2.2　绕标赛、追逐赛：指在环绕半径不少于18m，直线距离不少于400m的人工或自然水域所进行的环绕竞赛。全国锦标赛和综合性运动会环绕半径不少于 27m。

2.3　拉力赛：指在自然水域、封闭的航线上进行的长距离竞赛。

2.4　往返赛：指在不少于 100m 的直道内进行多次折返的竞赛。

2.5　5 人龙舟赛：指在单排舟中依靠 5 名划手以划桨为动力，同心协力推动龙舟前行的长距离竞赛。

2.6　拔河赛：指在静水水域中，比赛双方以龙舟和连接两条龙舟的绳索为主要器材，将对方拉至相应标记线的竞赛。

2.7　冰上赛：指在水上龙舟运动基础上延伸的一项在冰面上滑行的冰上竞赛。

2.8　其他形式赛：指在水上龙舟运动基础上延伸的在陆地、草地、沙漠、海上、雪地等各类形式的竞赛。

第 3 条　竞赛类别

3.1　全国综合性运动会龙舟赛。

3.2　中华龙舟大赛。

3.3　中国龙舟公开赛。

3.4　全国龙舟锦标赛。

3.5　中国龙舟大奖赛。

3.6　全国青少年龙舟锦标赛（包含青少年 U 系列赛事）。

3.7　其他赛事（精英赛、邀请赛、争霸赛、传统龙舟赛、拉力赛、往返赛、5 人龙舟赛、拔河赛、冰上龙舟赛、陆地赛、趣味赛等）。

3.8　彩龙、艳龙等形式的龙舟赛。

3.9　地方龙舟赛。

第4条　竞赛组别

4.1　公开组：运动员无年龄、无性别限制。

4.2　男子组：运动员必须是男性，无年龄限制。

4.3　女子组：运动员必须是女性，无年龄限制。

4.4　混合组：运动员性别受限，无年龄限制。

4.4.1　22人（23人）龙舟竞赛中各参赛队应该有最少8名、最多10名同性别划手参赛。

4.4.2　12人龙舟竞赛中各参赛队应该有最少4名、最多5名同性别划手参赛。

4.4.3　迷你（5人）龙舟竞赛中各参赛队应该有最少2名、最多3名同性别划手参赛。

4.4.4　混合组鼓手、锣手、舵手无性别限制。

4.5　青年组：除非竞赛规程另有规定，运动员年龄为当年12月31日前满18周岁但不超过23周岁。

青年组可以设公开、男子、女子及混合组。

4.6　少年组：除非竞赛规程另有规定，运动员年龄为当年12月31日前满12周岁但不超过18周岁。

4.6.1　少年甲组：运动员年龄为当年12月31日前满12周岁但不超过18周岁。

4.6.2　少年乙组：运动员年龄为当年12月31日前满12周岁但不超过16周岁。

4.6.3　少年丙组：运动员年龄为当年12月31日前满12周岁但不超过14周岁。

4.6.4　任何生日在1月1日当天或之后的14岁、16岁、18岁运动员在当年仍可作为13岁、15岁、17岁运动员参赛

（除舵手外）。

4.6.5　少年组可以设公开、男子、女子及混合组。

4.7　老将组：除鼓手、锣手、舵手外，运动员年龄必须在 40 周岁或以上（以当年 12 月 31 日计）。

4.7.1　老将甲组：运动员年龄必须在 40 周岁或以上（以当年 12 月 31 日计）。

4.7.2　老将乙组：运动员年龄必须在 50 周岁或以上（以当年 12 月 31 日计）。

4.7.3　老将丙组：运动员年龄必须在 60 周岁或以上（以当年 12 月 31 日计）。

4.7.4　老将组可以设公开、男子、女子及混合组。

第 5 条　竞赛项目

龙舟竞赛项目包括（表 1–1）：

表 1–1　龙舟竞赛项目一览表

组别 项目		公开组	男子组	女子组	混合组	青年组	少年甲、乙组	少年丙组	老将组
直道竞速赛	100m	√	√	√	√	√	√	√	√
	200m	√	√	√	√	√	√	√	√
	300m	√	√	√	√	√	√	√	√
	500m	√	√	√	√	√	√	√	√
	800m	√	√	√	√	√	√	√	√
	1000m	√	√	√	√	√	√	√	√
往返赛	500m	√	√	√	√	√	√		
	1000m	√	√	√	√	√	√		
	1400m	√	√	√	√	√	√		
绕标赛	2000m	√	√	√	√	√	√		
	3000m	√	√	√	√	√			
	5000m	√	√	√	√	√			
追逐赛	1000m	√	√	√	√	√			
	2000m	√	√	√	√	√			
拉力赛、环自然水域赛、5 人龙舟		√	√	√	√	√			
拔河赛		√	√	√	√	√	√		
冰上龙舟赛		√	√	√	√	√	√	√	√
其他龙舟赛		√	√	√	√	√	√	√	√

第 6 条　规则适用范围

本规则适用于国内举办的各级各类龙舟竞赛。

第二章　比赛场地、设施与器材

第 7 条　比赛场地

7.1　比赛场地应设在静水水域中，赛道的长度和宽度须经过测量并配有精确的平面图纸（图 1-1）。

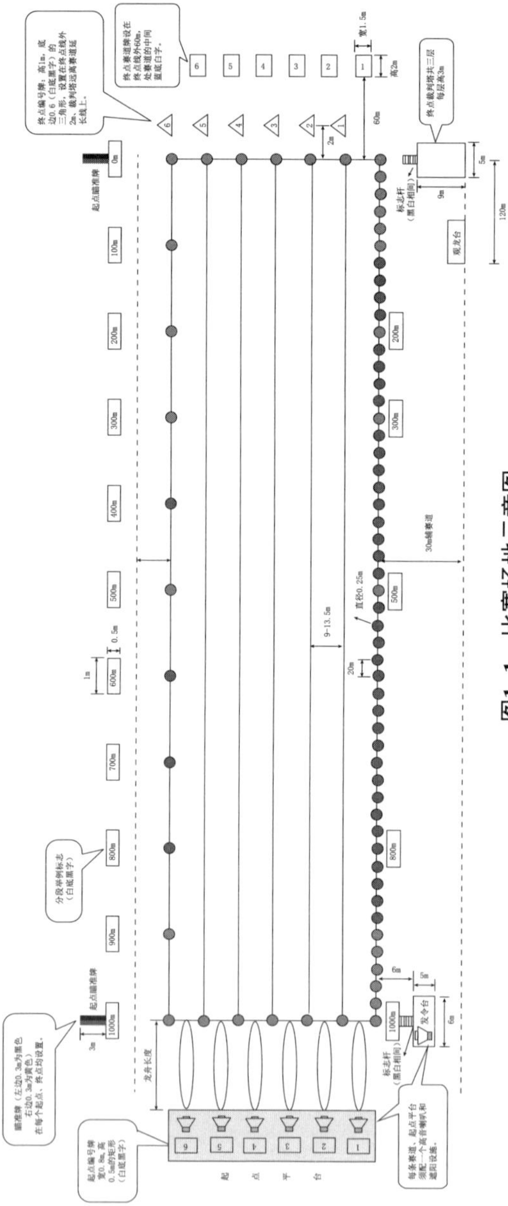

图1-1　比赛场地示意图

7.2　赛道规格及要求

7.2.1　赛场设 2~8 条赛道，以最接近终点裁判塔的赛道为第一道，其余赛道以此类推。

7.2.2　各条赛道线必须平行且与起点线和终点线垂直。

7.2.3　各条赛道宽度必须一致，规格为 9~13.50m。

7.2.4　赛道一侧设 30m 宽度的附赛道，另一侧设 6m 以上宽度的警戒水域。

7.2.5　赛道用浮球布置，浮球间距 20m，直径 0.25m，球的表面应较柔软。

7.2.6　所有竞赛项目的起点线须使用红色浮球，直道赛起点 100m 和终点 100m 范围区域使用红色浮球，其余使用黄色浮球，最后一个浮球设在终点线上。

7.2.7　赛道两侧设置明显的分段标志。

7.2.8　赛场如果水深不一致，则赛道内最浅处须达到 2.50m。综合性运动会等赛场底部要平坦，水深须达到 3.50m。

7.2.9　禁止使用固定的木桩、竹竿和类似物标注赛道，赛道内不得有障碍物（含水草、暗礁等）。

7.2.10　赛道应于赛前 4 天布置完毕。

7.3　发令台和终点裁判塔的近端设标志杆，远端设瞄准牌，分别设置在起点线、终点线的延长线上（6m 以上的位置），均须与水面垂直。标志杆的规格为高出水面 3m，直径为 0.025m（黑白相间）；瞄准牌的规格为高 3m，宽 0.60m（左边 0.30m 为黑色，右边 0.30m 为黄色）。

7.4　起点和终点均须设置各条赛道的编号牌（白底黑字）。

7.4.1　起点编号牌为高 0.80m，宽 0.50m 的矩形，双面编有相同赛道序号，放置在起点平台上每条赛道的中央。

7.4.2　终点编号牌为高 1m，底边长 0.50m 的三角形，三面编有相同序号放置在终点线外 2m、终点裁判塔远端的赛道延长线上。

7.5　终点线外 60m 处、赛道的中间设置高 2m，宽 1.50m 的终点赛道牌，双面编有本赛道相同的序号（蓝底白字）。

7.6　起点线和终点线外至少要各留 100m 以上的准备区域和缓冲区域。

7.7　绕标赛、追逐赛、拉力赛、往返赛、拔河赛、冰上赛及其他形式赛等场地布置参阅相关的规定。

第 8 条　设施

8.1　登舟平台（图 1–2）。

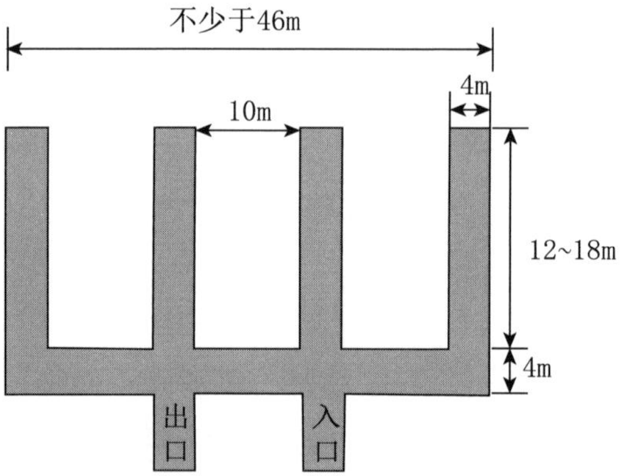

图 1–2　登舟平台示意图

8.1.1　登舟平台须坚固稳定，确保安全，有利于运动员登舟、龙舟靠岸和保护比赛器材。

8.1.2　登舟平台设主平台、若干附平台。主平台长不少于

46m，宽4m；每个附平台向水面延伸12~18m，宽4m，相邻附平台的间距为10m。根据比赛规模分设22人（23人）龙舟附平台（长18m）、12人龙舟附平台（长12m）、迷你（5人）龙舟附平台（长8m）。每个附平台近端依次设有与赛道相对应的编号，规格与起点编号牌相同。

8.2　发令台

设置在起点线的延长线上6m外，规格为6m×6m的平台。在此平台中央须固定架设一个不低于0.60m高（规格为3m×2m）的长方台（以利于发令员在取齐、观察犯规以及起点摄像时有更好的视角），配备扩音和遮阳、避雨设施。

8.3　起点台

设置在起点线后，采用浮桥式，须坚固稳定。起点平台至起点线的距离按比赛龙舟的长度布置，起点平台长不少于比赛所设赛道总宽度，宽不少于2m，高出水面0.30m。每条赛道须配备小扬声器和遮阳、避雨设施。

8.4　终点裁判塔

设在封闭的室内，便于安装电子计时设备和终点摄像机。共三层，每层至少长6m，宽5m，高3m。第一层为人工计时（人工计时台应为阶梯式，图1-3），第二层为电子计时、赛事编排，第三层为摄像机位。

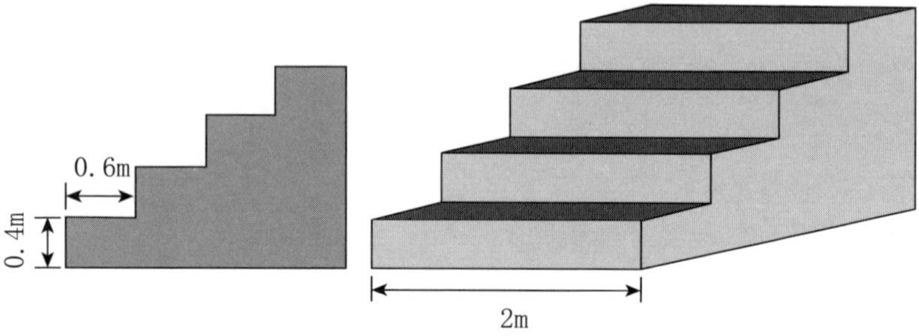

图 1-3　人工计时台图

第 9 条　器材

采用国家标准（中国龙舟协会审定的龙舟器材标准）和国际标准（国际龙舟联合会审定的龙舟器材标准）两种器材标准。

9.1　国家标准（中国龙舟协会审定的龙舟器材标准）

9.1.1　22 人（23 人）龙舟（图 1-4）：总长（含龙头、龙尾）18400±20mm，舟体型长 15500±20mm，龙头长 1450±10mm、龙尾长 1450±10mm；舟体型宽（中舱最宽处）1100±10mm；对称度≤5mm，舟体型深≤530mm。

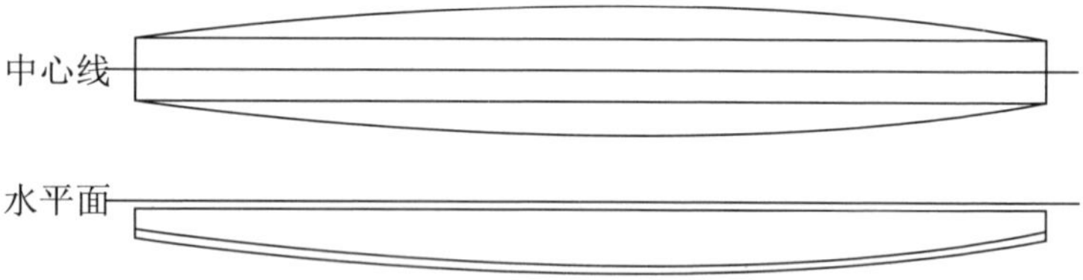

龙舟体型长：15500±20mm　体型宽：1100±10mm

图 1-4　22 人（23 人）龙舟示意图

9.1.2　12 人龙舟（图 1-5）：总长（含龙头、龙尾）12950±20mm，舟体型长 10950±20mm、龙头长 950mm、龙尾长 1050mm；

舟体型宽（中舱最宽处）1000±10mm；对称度≤3mm，舟体型深≤500mm。

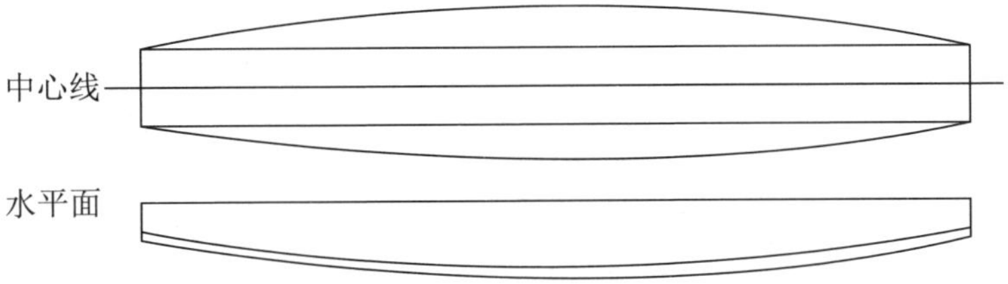

龙舟体型长：10950±20mm 体型宽：1000±10mm

图 1-5　12 人龙舟示意图

9. 1. 3　迷你（5 人）龙舟（图 1-6）：总长（含龙头、龙尾）不小于 8900±20mm，舟长 7000±20mm，舟体型宽（中舱最宽处）1000±10mm；对称度≤3mm，舟体型深≤500mm。

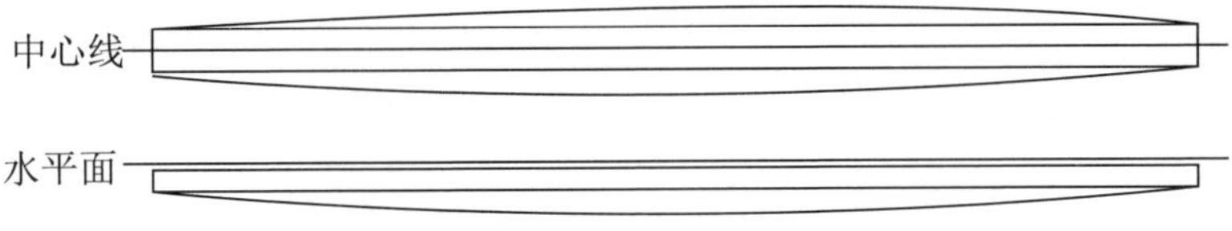

龙舟体型长：7000±20mm　体型宽：1000±10mm

图 1-6　迷你（5 人）龙舟示意图

9. 1. 4　往返赛龙舟：使用 22 人（23 人）龙舟或 12 人龙舟，可根据竞赛安排搭配双龙头。

9. 1. 5　拔河赛龙舟：见拔河龙舟竞赛规则。

9. 1. 6　冰上赛龙舟：见冰上龙舟竞赛规则。

9. 1. 7　其他形式赛龙舟：见具体赛事竞赛规程。

9. 1. 8　舵桨（图 1-7）：舵桨采用固定式，固定装置设在尾舱左侧船体上。舵桨总长 3000±200mm，其中桨叶长 1100±200mm，桨叶前沿宽 135±15mm，上端宽 125±15mm，桨叶的边缘厚度 15±5mm；桨杆直径 45±15mm；桨手柄长 200±50mm，直径 50±15mm。

9. 1. 9　划桨（图 1-8）：采用单面或双面划桨。划桨总长为 1050~1300mm，其中桨叶长 480mm，弧形斜口延伸 120mm，桨叶的肩距末端 360~480mm，桨叶前沿最宽 180mm，桨叶长 120mm 处宽 167. 5mm，桨叶长 240mm 处宽 154mm，桨叶长 360mm 处宽 140. 5mm，桨叶的边缘厚度 4~10mm；桨杆长 570~820mm（含手柄），直径为 25~35mm；桨手柄长 100±5mm，直径为 25~35mm。

9. 1. 10　可使用自备划桨，但赛前须经裁判员检查认证，符合标准方可参赛。

9. 1. 11　鼓和锣：龙舟上必须配有统一型号的鼓、鼓手座椅和锣、锣架。鼓面与水平面的垂直方向成 15°夹角，鼓面直径 ≥480mm，高 350~450mm，设在第一划手前面，面对舵手，鼓手座椅为活动装置，高 350~450mm。锣架（图 1-9）高 1200~1300mm，宽 500~600mm，锣的直径为 350~450mm，设在中舱处。

9. 1. 12　龙舟、舵桨、划桨的制造材料不受限制，龙舟本身重量不设统一标准，但在同一赛事中用大会统一提供的相同材料和工艺制造，且为同一批次出厂的器材（划桨除外）。参赛队可以设计个性化的龙头、龙尾，但重量和长度须符合规则要求。中国龙舟协会竞赛使用龙舟的重量要求：22 人（23 人）龙舟重量≤330kg，12 人龙舟重量要求≤210kg。所有比赛龙舟最重与最轻的误差不得超过 2. 50kg（含龙头、龙尾、鼓、锣、舵桨和附属器材)。中国龙舟协会主办的各类赛事赛前必须组织龙舟称重、配重。

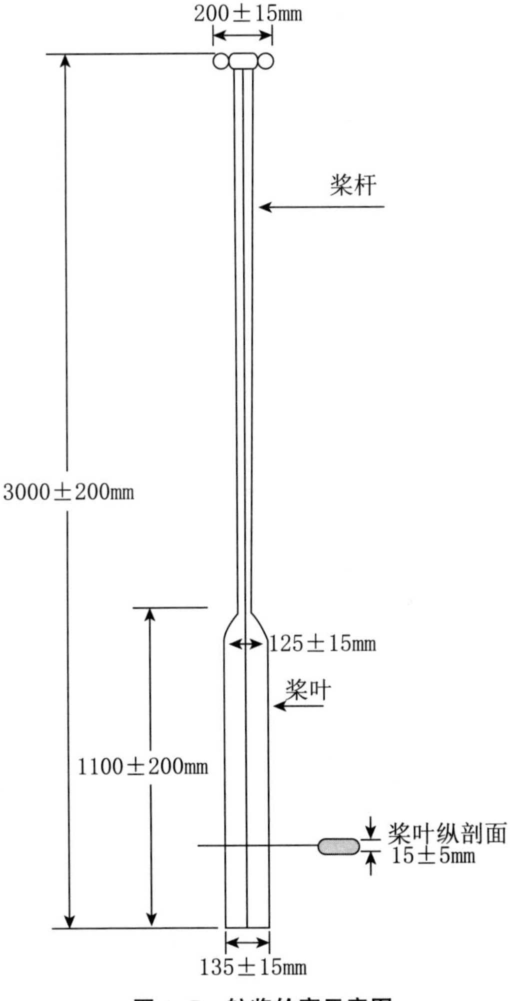

图 1–7　舵桨轮廓示意图

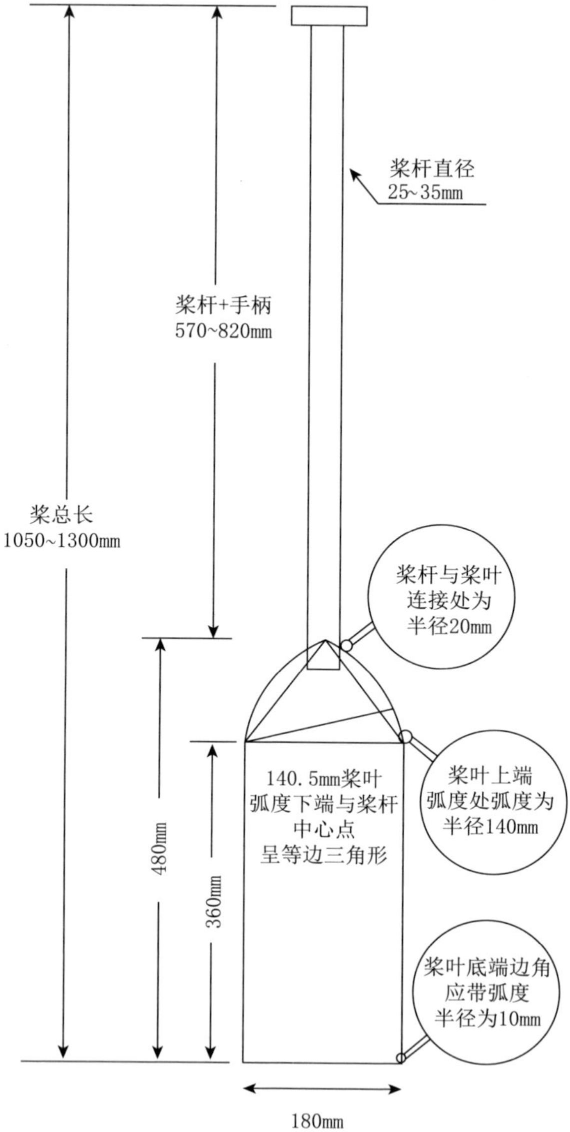
浆杆直径
25~35mm
浆杆+手柄
570~820mm
浆总长
1050~1300mm
浆杆与浆叶
连接处为
半径20mm
浆叶上端
弧度处弧度为
半径140mm
140.5mm浆叶
弧度下端与浆杆
中心点
呈等边三角形
480mm
360mm
浆叶底端边角
应带弧度
半径为10mm
180mm

图 1-8　划桨轮廓示意图

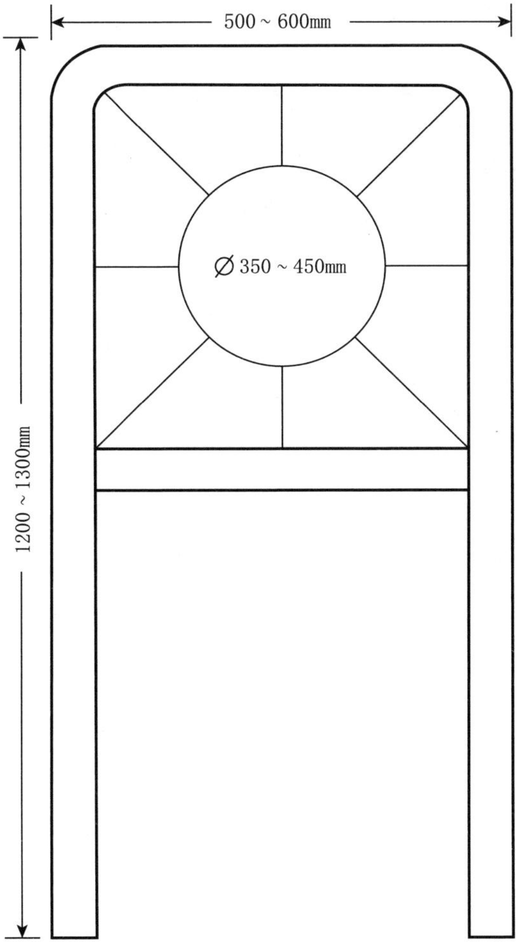

图 1-9　锣架示意图

9.2　国际标准（国际龙舟联合会龙舟数据，表1-2）。

表1-2　IDBF标准舟体尺寸

<table>
<tr><th rowspan="2">项目</th><th colspan="2">IDBF 22人龙舟</th><th colspan="2">IDBF 12人龙舟</th></tr>
<tr><th>尺寸</th><th>允差</th><th>尺寸</th><th>允差</th></tr>
<tr><td>舟长</td><td>12480mm</td><td>±10mm</td><td>9000mm</td><td>±10mm</td></tr>
<tr><td>舟宽</td><td>1140mm</td><td>±10mm</td><td>1150mm</td><td>±10mm</td></tr>
<tr><td>型深</td><td>580mm</td><td>±10mm</td><td>560mm</td><td>±10mm</td></tr>
<tr><td rowspan="2">重量</td><td colspan="2">≤280kg</td><td colspan="2">≤210kg</td></tr>
<tr><td colspan="4">同批次相同型号比赛用船重量误差±2.50kg</td></tr>
</table>

9.2.1　全国性综合运动会以及在国内举办的国际级龙舟比赛，必须使用国际龙舟联合会认证的器材。中国龙舟协会主办的国家级别赛事（含分站赛），可使用中国龙舟协会认证的器材，也可以使用国际龙舟联合会认证的器材。

第10条　设备与用具

龙舟竞赛设备与用具如表1–3所示。

表1–3　设备与用具一览表

内容	器材名称	型号	数量	备注
竞赛设备	龙舟	标准	18 + 2 = 20条	按6赛道配置
	备用划桨	标准	400把	按18条船配置
	鼓、锤、舵、水瓢	标准	各25个（支）	按18条船配置
	龙舟上的赛道牌	白、红、黄	18块	尺寸、规格按规则执行
	裁判工作艇	消浪艇	6条	按赛道配置
	救生艇	标准	至少4条	按1000m场地配置
	备用艇	10座	2条	颁奖和接送人员
	电子计时设备	标准	1套	同步显示和回放功能
裁判设备与用具	对讲机	大功率	20台	技术官员和裁判长用
	扩音器	功率覆盖500m、100m范围	各1套	检录一套（单独）、起点一套，起点每赛道配一个小扬声器
	手提扩音器		14个	移动使用
	摄像机	回放功能	2台	起点一台、终点一台

续表

内容	器材名称	型号	数量	备注
裁判设备与用具	磅秤	500kg	1台	龙舟称重
	划桨的卡模	标准	1个	验桨用
	合格标志	标准	根据参赛人数定	防水
	钢卷尺	20m	1把	
	大挂钟	标准	2个	检录、起点
	检录夹板	标准	10个	检录
	终点夹板	标准	8个	终点
	汽笛	专用	8支	起点、终点
	取齐绳	6m×赛道数		
	秒表	多功能	15块	起点、赛道、终点
	警告、取消资格牌	黄、红	1~6号一组各3套	起点（1套）、赛道（2套）
	红、白手旗	0.50m×0.60m	红、白各5面	起点、赛道、终点
	终点垂线		1根	终点
	标志杆		若干	场地布置安装
	引导牌	和龙舟牌相同	1~6号6套	检录
	码头标志	按场地要求	4个	场地布置安装
	抽签用具		1套	检录、编排
	队长标志	标准	根据队数配置	检录

续表

内容	器材名称	型号	数量	备注
裁判设备与用具	裁判工作表格		若干	竞赛组
	成绩公布栏	2m×1m	1 个	编排
	竞赛编排工具	电脑、打印机、复印机、配套用品、纸张文具	若干	编排
	桌子、椅子		根据人数配置	检录、编排、起点、终点
	裁判服装、雨具及遮阳用具、太阳伞		根据人数配备	
	危险信号旗（黑色）		每条龙舟 2 支	器材

第三章　运动员

第 11 条　参赛资格

11.1　运动员须身体健康，具备着轻便服装游泳 200m 以上的能力。

11.2　在无年龄限制的组别中，如运动员的年龄未达到 12 周岁，必须着救生衣，且指定一名成年运动员负责其安全，否则取消该运动员的参赛资格。

11.3　比赛期间，运动员必须携带身份证、参赛证和注册证，以便审查。

11.4　综合性运动会，按相关竞赛规定、竞赛规程执行。

第12条　参赛人数

12.1　直道赛、绕标赛、追逐赛、拉力赛、往返赛参赛人数。

12.1.1　22人（23人）龙舟竞赛，每队运动员不超过26人（27人），其中划手20人，舵手、鼓手（23人赛含锣手）各1人，替补队员4人。

12.1.2　12人龙舟竞赛，每队运动员不超过14人，其中划手10人，舵手、鼓手各1人，替补队员2人。

12.1.3　迷你（5人）龙舟竞赛，每队运动员不超过7人，其中划手4人，舵手（兼鼓手）1人，替补队员2人。

12.1.4　参赛运动员的资格在登舟后即为确定，不得替换。

12.1.5　各参赛队必须设队长1人，比赛时佩戴大会统一提供的队长标志。

12.1.6　参赛减员

检录时，教练员声明减员，经检录裁判长同意，该队本场比赛可减员参赛。减员仅限于划手，但不包括混合组对同一性别运动员的最低限制，否则该队不得参加比赛。

减员限制：

· 22人（23人）龙舟竞赛每队划手不得少于18人。

· 12人龙舟竞赛每队划手不得少于8人。

· 迷你（5人）龙舟竞赛每队划手不得少于3人。

12.2　5人龙舟赛参赛人数

12.2.1　每队运动员不超过7人，其中划手5人，替补队员2人。

12.2.2　检录时，教练员声明减员，经检录裁判长同意，该队本场比赛可减员参赛。减员限制为每队划手不得少于 4 人。

12.3　拔河赛参赛人数（见拔河比赛竞赛规则）。

12.4　冰上赛参赛人数（见冰上比赛竞赛规则）。

12.5　其他形式赛参赛人数（参考 12.1 参赛人数执行）。

第 13 条　服装要求

13.1　比赛时同队运动员的服装、服饰必须一致。

13.2　除非天气和安全原因，运动员在比赛服外不得加穿任何衣物。

13.3　大会为各队运动员提供参赛号码布，运动员须按报名登记表登记的上场号码将号码布佩戴在上衣背后。

13.4　除非大会另有规定，在综合性运动会比赛中，运动员不得穿着未经主办单位批准的带有赞助广告的比赛服参赛，也不得在用来参赛的划桨上带上赞助厂商的广告。

第四章　裁判员

第 14 条　裁判员等级制度及管理

14.1　裁判员的技术等级分为国家级、一级、二级、三级，共 4 个级别。

14.2　裁判员必须经过理论和实践考试合格才有资格获得相应的技术级别。任一级裁判员资格满两年，并且有曾三次在全国性比赛担任裁判员或至少三次在省级比赛中担任裁判长以上职务工作经历，经中国龙舟协会培训并考核合格者，可申报国家级裁判员。第一次申报国家级裁判者，年龄必须满 20 周岁但不超过 60 周岁。

14.3　由中国龙舟协会选调的裁判员，两次无故不到岗者，暂停其执裁资格。如本人要求再次担任裁判工作时，须向中国龙舟协会申请，经批准后方可恢复执裁资格。

14.4　未按规定参加龙舟裁判员学习者，按国家体育总局颁布的《体育竞赛裁判员管理办法（试行）》（2015年第21号令）和2018年中国龙舟协会印发的《龙舟裁判员技术等级认证和裁判员管理实施细则》执行。

14.5　裁判员须持证上岗，工作时必须身着大会统一配发的裁判服装并佩戴裁判等级标志。

14.6　全国性比赛或由中国龙舟协会主办的其他赛事，赛区应设技术代表1人，指导、审核、监督、协调竞赛和裁判工作。技术代表、总裁判长、副总裁判长和裁判长原则上由中国龙舟协会选派具有国家级及以上龙舟裁判员资质者担任；裁判员和辅助人员由承办单位选用有相应等级且业务能力强的人员担任。

14.7　中国龙舟协会有权暂停比赛中因职业道德问题或犯有严重错误导致比赛出现重大影响的裁判员工作职务，并降低或撤销其裁判员技术等级称号。

第15条　裁判组组成人员及职责

15.1　裁判组由总裁判长、副总裁判长、编排裁判长、检录裁判长、器材裁判长、起点裁判长、赛道裁判长、终点裁判长、宣告员组成。

15.2　裁判组职责

15.2.1　按规则、规程组织比赛。

15.2.2　负责比赛中有关裁判执裁的工作。

15.2.3　处罚违反竞赛规则、规程的行为。

15.2.4　遇特殊情况，在保证比赛公正、公平、公开的前提下，由总裁判长就临场出现的问题作出解释和处置。

15.2.5　如遇突发情况或天气原因需中断或终止比赛时，由总裁判长向技术代表提交延期或取消比赛的报告。

第五章　竞赛通则

第 16 条　检录

16.1　赛前各参赛队必须提前 30 min 到达检录处接受检录，参加该组比赛赛道抽签，接受裁判点名、资格验证和服装检查。超过检录时间 15 min 未到达检录区的赛队，按自动弃权处理。

16.2　检录时，教练员声明减员，按规则“12.1.6 参赛减员”条款执行。凡违反规定经警告不服从者，取消该队比赛资格。

第 17 条　器材

17.1　参赛队必须按裁判指令登舟。凡违反规定经警告不服从者，取消其比赛资格。

17.2　登舟时，运动员按规定着救生衣，可携带坐垫（坐垫厚度在指压下不得超过 15mm），不得携带可改变舟体摩擦力的涂抹物质、动力器材和通信设备等影响公平竞赛的物品。凡违反规定经警告不服从者，取消其比赛资格。

17.3　参赛队登舟后，在裁判的指挥下有序离开登舟平台，从附赛道划向起点，凡违反规定经警告不服从者，取消其比赛资格。

17.4　携带未经裁判检验合格的划桨登舟，经警告不服从者，取消其比赛资格。

17.5　比赛后，在裁判指令下有序划回指定登舟平台，凡违反规定经警告不服从者，取消其比赛资格。

17.6 比赛返回登舟平台后，凡发现携带违禁物品、器材短缺或人员与登舟时不符者，取消其比赛资格。

第18条 起点

18.1 出发准备

各参赛队必须在起点裁判员指挥下尽快将龙舟（龙头）前沿稳定在起点线上，凡有不服从裁判员指挥或有意拖延时间者，将被黄牌警告。

18.2 发令程序

18.2.1 赛前3 min各参赛队根据起点裁判员指令进入赛道。

18.2.2 赛前2 min进行点名，此时未进入赛道的队，将被黄牌警告。

18.2.3 赛前1 min开始取齐，取齐过程中发令员择机发令。

18.2.4 各参赛队准备就绪后，发令员开始发令。口令为："各队注意—预备—划"，并同时鸣笛。

18.2.5 "预备"至"划"的间隔时间不超过5 s。

18.2.6 当发令员发出"各队注意"口令时，未准备好的赛队，鼓手应举手示意。

18.2.7 发令员正常发令后，各参赛队不论何种原因延误起航的，责任自负。

18.3 处罚规定

18.3.1 抢航犯规：比赛采用一次起航，在发出"预备"口令后，凡划桨划水或击鼓、鸣锣、吹哨、呼喊等方式影响起航的赛队，均被判抢航犯规。对抢航的赛队不予召回，判该队抢航犯规，加时 5 s。

18.3.2　遇下列情况之一者，取消其比赛资格。

· 同组比赛过程中第二次受到黄牌警告的队伍。

· 一次黄牌警告又抢航的队伍。

· 用舵桨支撑平台助力出发的队伍。

第 19 条　赛道

19.1　比赛中，各参赛队必须自始至终保持龙舟在本赛道中间划行，龙舟的任何部分均不得超越本赛道，龙舟偏离赛道的一切风险由赛队自行负责。

19.1.1　即使赛队是在本赛道直线划行，也应与相邻赛道龙舟保持至少 4m 的水面距离。水面距离是指相邻两条龙舟桨叶之间的距离。当赛道裁判员发出“保持水面距离”指令时，各参赛队必须遵照执行，否则黄牌警告。

19.1.2　若发生串道并领先于被串道龙舟时，串道的队被判罚犯规，取消该队比赛资格。

19.1.3　若发生串道但落后于被串道龙舟，未影响其他赛队正常比赛且能够迅速划回本赛道的串道队，可不判犯规。

19.2　划行姿势包括坐姿、站姿和跪姿。

19.2.1　除非竞赛规程另有规定，比赛必须采用坐姿。

19.2.2　传统龙舟比赛姿势不受限制。

19.3　各参赛队锣手、鼓手必须有节奏地鸣锣、击鼓（允许加吹口哨）指挥划手。起航 50m 之后未鸣锣、击鼓的队将被判罚加时 5 s。

19.4　从附赛道划向起点的参赛队，中途不得靠岸。与比赛龙舟相遇时，应提前停鼓、停锣、停桨，待全部的比赛龙舟通过后，方可继续划行，凡违反规定经警告不服从者，取消该队比赛资格。

19.5　除非竞赛规程另有规定，各参赛队舵手、鼓手、锣手不得以任何方式划水，否则，判该队犯规，取消比赛资格。

19.6　比赛中如发生两条或两条以上龙舟相撞，根据下列情况判罚和确定是否中止比赛：

19.6.1　预赛发生此等事件，犯规队被判罚红牌，取消该队比赛资格，其他队继续完成该组比赛，确已受到影响的队由总裁判长根据实际情况安排重赛。

19.6.2　复赛至决赛的赛次中，如在比赛半程内发生此等事件，由赛道裁判长发出中止比赛信号并拦截，此时，取消犯规队的比赛资格，其他队立即返回起点，重新比赛。

19.6.3　复赛至决赛的赛次中，如在比赛过半程发生此等事件，取消犯规队的比赛资格，其他队继续完成该组比赛，确已受影响的队由总裁判长根据实际情况安排重赛。

19.6.4　重赛时，该组名次以各参赛队完成比赛的计时成绩来确定。重赛时间安排在下一轮赛次之前，但不保证受影响的队进入下一赛次前有足够的休息时间。决赛中受影响的队在事发 30 min 内重赛。

19.7　参赛队若将龙舟故意翻转或损坏，除负责打捞、赔偿外，取消该队比赛资格。

19.8　比赛中若发生器材损坏或失落，比赛继续进行。

19.9　比赛中若出现队员落水，取消该队比赛资格。

19.10　比赛中若出现未预见的情况（天气原因、水域情况等），导致龙舟在偶然的情况下翻沉或两船相撞，使整场比赛受到实质性影响，即使该场比赛已按正确程序开始，仍应由赛道裁判长发出中止比赛指令，召回起点重新比赛。

第 20 条　终点

20.1　龙舟的前部须设赛道编号牌。龙舟（龙头）最前端通过本赛道终点线才视为划完全程。由终点裁判员根据龙舟通过终点线的先后顺序判定名次。

20.2　名次相同

若同场比赛有两条或两条以上的龙舟同时到达终点，除了涉及第一名需重赛外，其他名次可并列，以下相应名次空出。因名次相同，且影响下一轮次晋级名额时，将由总裁判长根据实际情况指令相同名次的队进行重赛或抽签以确定晋级资格。

20.3　时间相等

当同轮次比赛中有两支或两支以上的参赛队比赛时间相等，且超出晋级名额时，将由总裁判长根据实际情况指令相同时间的队进行重赛或抽签以确定晋级资格。

20.4　龙舟通过终点后，应即刻返回登舟平台接受裁判员的检查和交还器材，未经检查的赛队不得上岸，不得与外界接触。待裁判员检查完毕，运动员上岸后，参赛队才被视为完成该场比赛。

20.5　发生下列情况即视为终点及赛后犯规，该队成绩无效，并被取消比赛名次。

20.5.1　参赛龙舟未从本赛道内通过终点。

20.5.2　直道赛中，超过限时规定的时间未到达终点（限时规定如表 1-4 所示）。

表 1–4　限时规定

项目	100 m		200 m		300 m		500 m		800 m		1000 m	
	公开/男子	女子/混合	公开/男子	女子/混合	公开/男子	女子/混合	公开/男子	女子/混合	公开/男子	女子/混合	公开/男子	女子/混合
22人（23人）龙舟	00′30″00	00′35″00	01′00″00	01′10″00	01′30″00	01′40″00	02′20″00	02′40″00	03′50″00	04′20″00	04′50″00	05′20″00
12人龙舟	00′35″00	00′40″00	01′10″00	01′20″00	01′40″00	01′50″00	02′50″00	03′10″00	04′30″00	05′00″00	05′40″00	06′20″00

注：其他项目的限时规定以具体实际情况进行。

第 21 条　体育展示

21.1　思想要求

21.1.1　指导思想

中国龙舟赛事体育展示工作要深入贯彻落实新时代中国特色社会主义思想及全国宣传工作会议精神，牢牢把握体育工作的话语权，以提升中国龙舟运动公众形象为目的，着力提高舆论引导能力和水平，大力宣传中国龙舟运动精神和中华民族传统文化，为中国龙舟事业的健康发展提供舆论支持、精神动力和文化条件。

21.1.2　竞赛展示思想

赛前仪式展示环节，要力求凸显赛事主题，彰显公平竞争的体育精神；赛中解说环节，要求队伍介绍翔实，规则介绍准确，场上比赛形势介绍清楚，不能出现掺杂个人主观情绪和影响比赛公平、公正的话语；赛后展示环节，要着重体现感谢之意，对运动员、观众、主办方、承办方、裁判员、安保人员、志愿者等表达谢意。

21.1.3　文化展示思想

要求重点展示中国传统文化、中国龙舟文化、举办地城市文化和民俗文化，对中国龙舟运动起源、发展、龙舟赛事等基本情况要详细介绍。

21.2　形式要求

21.2.1　视频形式

赛场播放的视频要求统一制作、统一播放、严格审查，内容仅限于举办地城市宣传片、赛事活动背景介绍、赛事实况展示等，对播放的赞助商广告要经赛事承办方严格审批。

21.2.2　音频形式

现场音频播放源只限于赛事音响操控设备、现场宣告员体育展示设备，不允许在赛事活动范围内展示其他单位（个人）提供的未经审查的音频资源。

21.2.3　表演形式

开闭幕及赛事中间穿插的节目表演，需经赛事主办方和承办方严格审查，要求弘扬主旋律，体现当地特色，例如：民族舞蹈、啦啦操、吉祥物表演、现场互动表演等。

21.3　人员要求

担任龙舟赛事宣告工作的人员，必须熟悉中国龙舟运动规则，参加过正规龙舟裁判员培训并考核合格。全国性龙舟赛事的宣告员必须取得中国龙舟协会认定的一级及以上龙舟裁判员证书。

第22条　绕标赛、追逐赛、拉力赛

22.1　场地（图1-10）

22.1.1　按规则“2.2绕标赛、追逐赛”条款执行，最后一个转弯点至终点的直线赛道不得少于400m。弯道设5个直径不少于0.40m的浮球，另在直道进弯道距第一个浮球50m处各设1个超越标志（浮球）。

22.1.2　拉力赛的比赛场地要求按规则“2.3拉力赛”条款执行。

22.2　绕标赛、拉力赛出发

22.2.1　出发顺序

根据各赛队参加直道赛的成绩排序，成绩最快的队第一个出发，依次类推。如没有直道赛成绩参照，则以抽签来确定出发顺序。

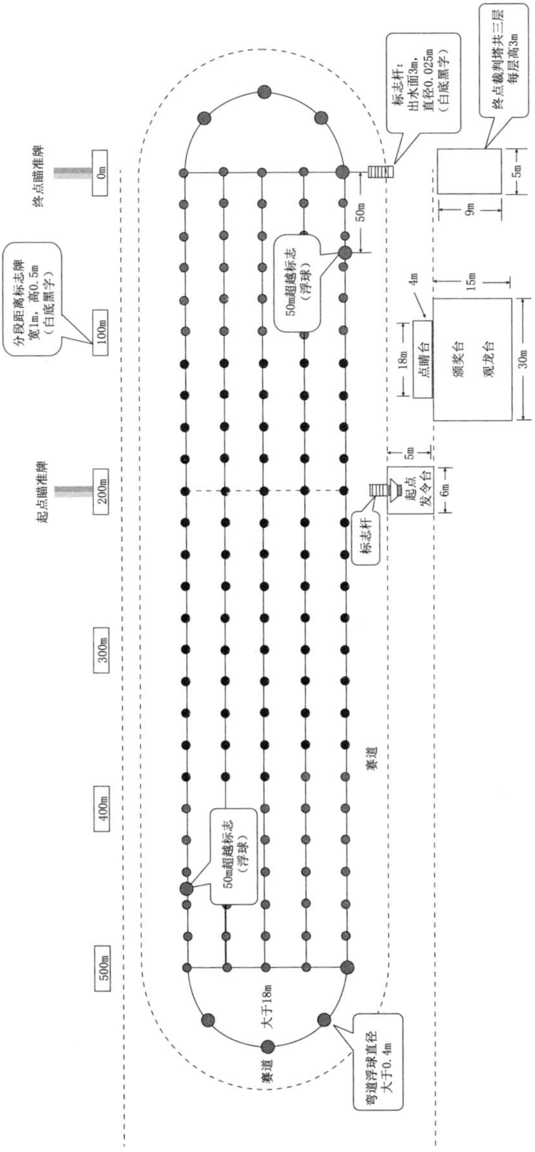

图1–10　绕标赛场示意图

22. 2. 2　静止出发

· 各参赛队在起点线按出发的顺序先后排列，当第一条龙舟出发后，第二条龙舟缓慢划到起点线后停止，并按发令员的口令依次间隔出发。使用起点平台出发时，则根据出发顺序静止排列，依次间隔出发，当第一条龙舟出发后，第二条龙舟做好出发准备，每条龙舟出发的间隔时间为 10~30 s。

· 发令员采用倒计时 5 s 方式发令。发令的口令为：“某队准备，5—4—3—2—1—划”。

· 若发生抢航现象，无须召回，按照“18. 3 处罚规定”条款执行。

22. 2. 3　活动出发

· 起点线后设立 50m 距离的起航区，赛队按发令员的口令依次出发。

· 比赛开始时，各参赛队按照发令员的指令依次以自由速度从起航区外出发，当赛队龙舟（龙头）的最前沿到达起点线时开始计时。

22. 3　追逐赛出发

22. 3. 1　采用活动出发的形式，每组比赛第一支队伍女子先出发，间隔 15 s 男子出发，第二支队伍间隔 20~30 s。

22. 3. 2　发令的口令为“某队准备—预备—划”。

22. 4　赛道

22. 4. 1　比赛中，不允许赛道外有其他龙舟伴划，比赛龙舟不得接受其他任何形式的帮助。

22. 4. 2　绕标赛转弯时，赛队必须按逆时针方向沿所有转向点浮球的外侧转弯，确保转向点浮球在龙舟的左舷，龙舟碰撞浮球一般不判犯规，但如从浮球的内侧通过，每违规一次加时 20 秒，违规 3 次，即被取消该项目的比赛资格。

22. 4. 3　超越：分为直道超越和弯道超越。超越时龙舟可以从被超越龙舟的两侧行进，但必须保持 4m 以上的水面距离。在弯道超越时，当超越龙舟的鼓手与被超越龙舟的舵手在超越标志处平行，超越成立；反之超越不成立，严禁超越。超越成立时，超越龙舟不得改变航向，被超越龙舟应主动避让。

22. 4. 4　超越成立时，如发生碰撞，判被超越龙舟犯规，加时 20 s；超越不成立时，如发生碰撞，判超越龙舟犯规，加时 20 s。

22. 4. 5　比赛中裁判员未发出中止比赛的指令时，比赛继续进行，自行停止比赛的责任自负。

22. 5　终点

绕标赛、拉力赛均以龙舟（龙头）的最前沿到达终点线为划完全程，以各参赛队完成比赛的计时成绩确定比赛名次。

追逐赛以该队最后一条龙舟（龙头）的最前沿到达终点线为划完全程，以各参赛队完成比赛的计时成绩确定比赛名次。

22. 6　其他比赛事项参照本规则相关条款执行。

第 23 条　往返赛

23. 1　场地

按规则“2. 4 往返赛”条款执行，根据比赛项目确定的往返次数，在每个折返点的中央设置若干面红色标志旗（0. 50m×0. 60m）或其他装置。

23. 2　出发

按规则“第 18 条 起点”条款执行

23. 3　赛道

23.3.1　当参赛队将龙舟划抵折返点时，须拔出红色标志旗，之后在原赛道内折返继续划向下一折返点并拔出红色标志旗，直至完成全部往返次数。

23.3.2　龙舟队每次只能拔出 1 面红色标志旗。

23.4　终点

龙舟（龙头）的最前沿到达终点线即为划完全程，以计时成绩确定比赛名次。

23.5　其他比赛事项参照本规则相关条款执行。

第 24 条　5 人龙舟赛

24.1　场地

24.1.1　比赛场地为可进行 10km 拉力赛的封闭赛道，可参考“22.1 场地”条款执行。

24.1.2　起点至第一转弯点的直道距离不得少于 1000m，最后一个转弯点至终点的直道距离不得少于 500m。弯道的半径至少 30m，设 5 个醒目的转向点标志。若场地条件达不到要求，弯道半径在确保参赛队安全，不影响比赛公正的前提下根据实际情况确定。

24.1.3　起点线的长度应超出参赛龙舟总数的 2.50m 长，在起点线上为每条龙舟设置宽 2.5m 的起航赛道，每 2.5m 处用高出水面 1m 的桩间隔，并在每条起点赛道左侧桩上竖一个0.6m×0.6m 的赛道牌，以便各参赛队能看清赛道的编号。在起点线后每间隔 50m 设置扩音设备，使运动员能清晰听到裁判指令。

24.2　检录

各参赛队必须按大会要求提前到检录处进行抽签，领取号牌与赛道牌。其他事项按规则“第 16 条 检录”条款执行。

参赛人数按照“12. 2 5 人龙舟赛参赛人数”条款执行。

24. 3　起点

24. 3. 1　各队须佩戴好参赛标志，按抽签确定的赛道各就位，准备出发。

24. 3. 2　待各队准备就绪后，发令员开始发令。发令员的口令为：“各队注意—划”。

当听到发令员“划”的口令后，各队方可出发。

24. 4　赛道

按规则“第 19 条 赛道”条款执行。

24. 5　终点

按龙舟（龙头）的最前沿到达终点线时的先后顺序确定比赛的名次。

24. 6　器材

龙舟可为单排的特殊龙舟舟艇器材，也可结合当地实际器材以公平公正为前提进行竞赛。

24. 7　其他比赛事项参照本规则相关条款执行。

第 25 条　龙舟拔河赛（见中国龙舟拔河竞赛规则）

第 26 条　冰上龙舟赛（见中国冰上龙舟竞赛规则）

第 27 条　其他形式赛

随着龙舟项目的不断发展和推广，有越来越多的以水上龙舟为原型的创新性赛事，如陆上龙舟、沙漠龙舟、海上龙舟、雪地龙舟以及趣味龙舟等。举办此类创新性赛事活动可参考本规则中有关条款进行，同时可在以公平公正竞赛的前提下以举办地（单位）实际情况进行改进和创新。

第 28 条　仲裁委员会

28.1　仲裁委员会的组成

仲裁委员会由大会执行委员会官员、组委会、技术代表、主管竞赛官员或授权的国际级龙舟裁判员资质者组成。其成员由大会组委会确定组成并予以公布，成员人数为奇数并且不少于 3 人。

28.2　仲裁委员会的任务

仲裁委员会是大会组委会的竞赛仲裁机构，其任务是复审比赛期间执行竞赛规则、规程中发生的纠纷，保证竞赛规则、规程的正确执行。

28.3　仲裁委员会的职责和权限

28.3.1　仲裁委员会复审并处理比赛期间执行竞赛规则、规程中发生的纠纷。

28.3.2　保证竞赛规则和竞赛规程的正确执行。

28.3.3　仲裁委员会不受理竞赛规则、规程规定中属裁判组职权范围内处理的有关事宜。与竞赛无直接关系的违犯纪律、寻衅闹事、打架斗殴等行为，由组委会相关部门进行处理。

28.3.4　对运动员、领队违反竞赛规则、规程，经仲裁委员会复审判定有效后仍无理纠缠的，仲裁委员会根据其违规程度，给予批评、警告、严重警告、停止比赛或取消该次比赛资格的处分。

28.3.5　对裁判员在执行裁判工作过程中犯有错误的，仲裁委员会视情况对裁判员进行教育或处分，但不得改变裁判员在规则职权范围内所作出的决定。仲裁委员会根据其错误程度，有权停止该裁判员该次比赛或若干场比赛的裁判资格，并可建议中国龙舟协会或相关管理机构（组织）给予降低或撤销裁判员技术等级称号的处分。

第 29 条　抗议、申诉

29. 1　若对裁判员人选的组成或对其他参赛队运动员参赛资格有疑义，各参赛队必须在领队、教练员、裁判长联席会议上或赛前 12 h，由领队向仲裁委员会提交书面抗议。如有相关选派人员、参赛资格等公示文件，应以公示文件所提及的申诉时间和申诉方式进行实名制申诉。

29. 2　若对比赛中裁判员的判决不服，参赛队必须在成绩公告后 30 分钟内由领队以书面形式向仲裁委员会提出申诉。超过申诉规定时限，仲裁委员会不予受理。

29. 3　各参赛队在提交书面抗议、申诉的同时须交纳 5000 元人民币的抗议、申诉金。若胜诉，抗议、申诉费全额退还。

29. 4　仲裁委员会在受理抗议、申诉和费用后，在 30 min 内进行调查取证，召开仲裁会议，按照《仲裁委员会条例》中的相关规定及时作出裁决，不得影响比赛和颁奖。

29. 5　仲裁委员会在调查取证后作出的决定即为最终裁决并立即生效。同时，将裁决书面材料报大会组委会备案。

29. 6　仲裁委员会是临时机构，比赛期间执行任务，岗位设在检录或终点区域，并应挂有明显标识，比赛结束自行撤销。

第 30 条　技术代表

30. 1　负责赛事的竞赛组织工作，监督赛事按规则、规程的要求进行。

30.2　与组委会配合，共同保证所有技术性安排均符合赛事要求。

30.3　严格按竞赛规则、规程的规定审核编排、竞赛日程、比赛器材、场地布置、比赛成绩。

30.4　主持技术会议，并向技术官员、参赛队伍详细介绍赛事工作情况。

30.5　如需要，向有关部门提交比赛准备情况的书面报告。

第六章　水上安全条例

第31条　责任

31.1　中国龙舟协会高度关注参加龙舟比赛包括各参赛队、裁判员、工作人员在内的所有人员的安全，全面做好安全保障工作。

31.2　各承办单位必须承担赛事期间的安全责任。

31.3　各参赛队必须自行购买所有人员人身意外保险。

31.4　各参赛队领队、教练员和队长应将安全参赛的相关规定落实到位，在比赛中队长须负责该队所有运动员的安全管理工作。

第32条　安全保障与职责

32.1　水上安全保障

32.1.1　中国龙舟协会主办的各类赛事，承办方必须提供水上安全保障。

32.1.2　大会应设安全主任和安全员。安全主任和安全员由承办单位挑选并培训合格方能上岗。

32.1.3 在安全主任、救生艇和赛道裁判艇之间建立有效的通讯联动系统，确保比赛期间及时开展救生工作。

32.1.4 大会提供设备齐全的救生艇和个人救生设备，并配有专业资质的救生员。

32.2 安全主任和安全员职责

32.2.1 制定整个赛事安全系统的运作程序及意外情况发生的应急处理预案。

32.2.2 参加领队、教练员及裁判长联席会议，由安全主任讲解赛事安全运作程序及应急工作预案。

32.2.3 比赛前，负责收集各参赛队运动员相关资料（包括游泳技术不佳运动员及任何已知的病历记录），以便及早掌握各参赛队运动员的基本情况。

32.2.4 及时清点各参赛队登舟和上岸的运动员人数，尤其是在比赛发生落水获救上岸时，安全员应即刻负责清点人数。在确知人数齐全后，方可召回参与救生的船艇。

32.2.5 比赛期间如出现特殊情况，且继续比赛会影响参赛者的健康和安全，安全主任应及时建议总裁判长采取措施，延期或取消比赛。

32.2.6 负责比赛中参赛者的一切安全事宜，确保安全措施的落实。

第33条 安全机构及设备

33.1 医疗及救生服务站

33.1.1 比赛期间，大会设水上和陆上医疗及救生服务站。医疗及救生服务站由承办单位提供，并对参加医疗及救生服务的人员进行培训。在赛前训练和比赛期间安排有资质的救生员、

1 名医生和 2 名护士在现场值班。

33. 1. 2　比赛期间，救生员应不晚于开赛前 30 min 到达岗位，医护人员应不晚于开赛前 15 min 到达岗位。

33. 2　救生艇

比赛期间应准备至少 4 艘救生艇，以便施救落水的运动员。救生艇须在赛场指定地点值班，随时准备施救。10km 及以上距离的赛事（如拉力赛等），还须配备一艘大型水上救护船，船上配备相应医护人员和救护医疗设备。

33. 3　救生衣

大会为所有参赛运动员提供救生衣。

第 34 条　龙舟队的安全规定

34. 1　运动员按规则“第 11 条 参赛资格”条款执行。

34. 2　各参赛队应完全了解赛事条例、竞赛规则和竞赛规程中的所有比赛安全的相关事项，报名时须与主办单位签署安全责任书，并确保所有运动员遵守安全规定。

34. 3　运动员的服装按规则“第 13 条 服装要求”条款执行。比赛时，原则上要求队员着救生衣参加比赛。除特殊情况（天气原因、水域原因等），若领队、教练员、队长在签署安全责任书时，明确签署该队全体运动员统一不穿救生衣参赛，该队方可不穿救生衣参赛。青少年组的比赛，任何情况下运动员均须穿救生衣参赛，否则将不予登舟比赛。

34. 4　运动员在比赛期间，身体和精神状况应适宜比赛。若在比赛中出现严重伤病，一经发现，裁判员有权立即中止比赛，强制其接受大会提供的医疗救护。

34. 5　危险信号旗帜

34.5.1　每条龙舟均需携带两面黑色旗帜（一面在船首，另一面在船尾）作为危险信号旗帜。当有运动员不慎落水或因其他情况需发出“危险信号”时，由队员挥舞旗帜或两手侧平举在头上方交叉挥动，发出求救信号直至救生船回应。

34.5.2　无故发出求救信号的赛队将被取消比赛资格。

第 35 条　划行的安全规定

35.1　赛道内严禁逆向划行。

35.2　绕标赛、追逐赛的赛前训练和比赛，龙舟均须按逆时针方向划行。

35.3　超越的龙舟应与被超越的龙舟至少保持 4m 的水面距离，不允许从被超越龙舟前面划过。

35.4　比赛中，向终点划行的龙舟严禁横切赛道，抵达终点后不得突然变向转弯，避免与其他龙舟发生安全事故，确保安全。

35.5　在自然水域进行的拉力赛，组委会有责任对赛道进行封闭和管理。对危及安全的旋涡、暗涌、暗礁等水域情况必须有鲜明的标识或派专人导航。

35.6　凡违反划行安全规定的赛队，经警告不服从者，取消其比赛资格。

第 36 条　龙舟安全标准

按照国家标准化管理委员会颁布的龙舟国家标准（GB/T38393—2019）执行。如该标准有修订则以最新版为准。

第七章　赛事规程

第 37 条　奖励

37.1　由中国龙舟协会主办的全国性赛事，根据规程规定颁发奖杯（或锦旗）、证书及奖金。

37.2　由中国龙舟协会承办或认可的国际级别的赛事，按组委会及规程规定颁发奖杯（或锦旗）、证书及奖金。

37.3　国际、全国综合性运动会龙舟项目，奖励（颁发的奖牌、奖杯、证书、奖金等）标准按照组委会及相关规定执行。

第 38 条　赛场平面示意图

绘制赛场平面示意图，并有如下标注。

38.1　赛场方向，赛道（浮球标注）及宽度。

38.2　附赛道及宽度、警戒水域及宽度。

38.3　比赛起点线和终点线、起点和终点编号牌、起点和终点瞄准牌及标志杆、分段距离标志、终点赛道牌的位置。

38.4　观龙台、发令台、起点台、终点裁判塔的位置。

38.5　各参赛队休息区域、运动员准备活动区域、候检区域、检录区域、登舟平台及编号。

38.6　成绩公告区域、医疗及救生服务站、嘉宾及观众区域、公共卫生间设施位置。

38.7　如需在赛场颁奖，还应标明颁奖等候区和颁奖区。

第 39 条　参赛费用

比赛若收取竞赛服务费、住宿费、餐饮费、交通费等费用，须在竞赛规程、邀请函或赛事接待安排等文件资料中提前详细说明。

第40条　竞赛规则、条例、规程的关系

竞赛条例是与竞赛相关的规范条例，适应于各类别龙舟赛事；竞赛规则是规范比赛的行为准则，是竞赛中执法的依据；竞赛规程是竞赛条例、竞赛规则中未涉及内容的补充，只适应于一次赛事或一次系列赛事。竞赛条例、竞赛规则具有相对长的周期性和普遍的适应性；竞赛规程则只对某一次赛事或某一次系列赛事有效。竞赛条例、竞赛规则、竞赛规程均是技术、行政性赛事指令性文件。

第41条　编排原则

41.1　秉持公平、公正、公开的原则对待各参赛队所享有的编入各赛次组别的权利。

41.2　为减少竞赛的偶然性，录取下一赛次优胜者时，以名次加成绩的方法进行。

41.3　预赛采用抽签的方法进行分组，尽可能避免同一地区（或单位）分在同一小组内。

41.4　参赛队数多于或少于赛道倍数时，采取平均分配分组，每组之间差额不得大于1。

41.5　各项目的编排顺序应考虑起点的移动，尽可能将同一距离不同组别的比赛安排在同一时段内进行，以减少起点的移动，保证比赛的流畅性。

41.6　充分考虑各参赛队赛次之间的休息时间。

41.6.1　休息时间是指赛次的间隔时间，即竞赛日程中前

一轮次最后一组出发时间与下一轮次第一组出发时间的间隔。

赛队享有下列休息时间：

100m　13~30 min

200m　13~30 min

300m　13~30 min

500m　13~40 min

800m　13~50 min

1000m 13~50 min

41.6.2　如参赛队兼项（混合组）比赛，竞赛编排将不能确保其享有上述休息时间。

第 42 条　编排方法

42.1　采用预赛、复赛、半决赛、决赛的赛制进行编排。

42.2　各赛次分组使用蛇形排列方法，将赛队实力合理均匀分布。

42.3　预赛分组可根据运动队的报名成绩或在系列赛中的积分进行蛇形排列分组，或抽签确定。预赛分组如采用抽签方式则在技术会议上进行，预赛赛道于赛前在检录处抽签确认。

42.4　上一赛次比赛结束后，根据各优胜队的小组名次和成绩分别排入相应的高一级赛次的小组和赛道，其余赛队依据本赛次中各队成绩分别排入相应的下一赛次的小组和赛道。

42.5　从观赏角度出发，一般将成绩好的赛队安排在赛道的中间位置（或抽签），如 6 条道时按成绩编入赛道顺序为：3 道、4 道、2 道、5 道、1 道、6 道。如受非静水、赛道水深差异、暗流等制约，则采取抽签方式确定赛道。

42.6　当某一项目同一级别参赛队报名数大于赛道数的平

方，可增加一个赛次，即采用预赛、次赛、复赛、半决赛、决赛。也可分为 A、B 两组进行，分别进行预赛、复赛、半决赛，获得各组决赛资格的队伍参加总决赛，其余队伍按成绩排名。总决赛采用半决赛、决赛的方式进行，半决赛根据成绩蛇形排列，总决赛资格按名次加成绩的方法确定。

绕标赛、追逐赛和拉力赛视情况由技术代表确定是否进行分组，并在技术会议上明确提出。

42.7　参赛队数等于或少于赛道数时采用轮次赛（3 轮），以积分多少排列名次，如积分相等的队伍则取其最好的两轮成绩相加排定名次。

42.8　团体总分排名，按第 1 名得 N+1 分，第 2 名得 N-1 分，第 3 名得 N-2 分，以此类推至最后一名。N 为参赛队数。

42.9　除竞赛规程另有规定，进入下一赛次的分组顺序按前一赛次比赛成绩排序自下向上开始进行蛇形排列编入下轮比赛的各组（如预赛进复赛时，按预赛成绩排序自下向上开始进行蛇形排列编入复赛的各组中去）。

第二部分 中国龙舟竞赛裁判法

裁判员是竞赛工作的执行者，同时也是掌握规则、规程，使比赛有序进行的执法者。因此，熟练地掌握和运用裁判工作方法是裁判员在比赛执裁中所必备的基本条件。裁判员在比赛的执裁过程中要遵守《裁判员守则》和《龙舟裁判员技术等级认证和裁判员管理实施细则》，弘扬龙舟精神，严肃认真、公正准确、谦虚谨慎、团结协作。

第1条　技术代表

1.1　编制

技术代表1人。

1.2　赛前

1.2.1　考察场地、制定赛事竞赛方案，提供竞赛需求清单，协调、指导、监督竞赛工作。

1.2.2　检查验收场地、赛道、竞赛功能用房、竞赛器材、裁判器材等竞赛设施器材。

1.2.3　对竞赛辅助人员、志愿者等进行培训。

1.2.4　审核大会日程、竞赛日程、竞赛方法、成绩统计系统、赛前训练计划。

1.2.5　主持技术性会议。

1.3　赛中

工作岗位设在观龙台，根据实际情况解决赛事中所有技术问题并指导、监督总裁判长工作。

1.4　赛后

做好竞赛总结的审核工作。

第2条　总裁判长

2.1　编制

总裁判长1人，副总裁判长2~4人。

2.2　赛前

2.2.1　按程序提供选调裁判人员的计划和要求。

2.2.2　根据比赛规模，结合赛场实际条件，按照技术代表的要求做好落实场地、裁判工作器材、编排、赛前训练等工作。

2.2.3　制定裁判工作手册，对裁判长、裁判员进行分工，组织学习竞赛规则和裁判法，安排赛前实习。

2.2.4　参加组委会和技术会，向参赛队提供书面赛事说明，并指定人员主持技术会预赛分组抽签等工作。

2.3　赛中

2.3.1　在大会竞赛部门的领导下全面负责竞赛裁判工作。领导全体裁判人员组织实施比赛，确保赛事按竞赛日程进行，就比赛中出现的问题在详细了解情况后做出裁决。

2.3.2　就仲裁委员会的质疑做出准确回复。

2.3.3　有权停止对犯有严重错误的裁判长、裁判员的执裁工作，并在事后向竞赛组织委员会做出书面报告。

2.3.4　对规则、规程未尽事宜须事先向技术代表提供书面请示报告后再作出妥善处理。

2.3.5　总裁判长工作岗位设在终点处，核实所有比赛成绩并签名，与各裁判工作岗位保持联系，全面掌握赛事进程，解决比赛中的疑难问题，如遇争议应及时向技术代表和仲裁委员会提交现场资料。

2.3.6　每个单元比赛结束，督促各裁判组现场小结，提出改进意见。

2.4　赛后

2.4.1　颁奖前，宣布比赛成绩。

2.4.2　督促各裁判组交还器材。

2.4.3　比赛结束后，写出裁判工作总结。

2.4.4　对所有裁判的工作表现予以客观评价，并在裁判证上签名确认。

2.5　副总裁判长

协助总裁判长工作，负责裁判员管理、对外联络等工作并且分工明确。根据比赛需要负责1~2个裁判组的具体工作。当总裁判长因故缺席时，由第一副总裁判长代理其工作。

第3条　编排

3.1　编制

裁判长1~2人，裁判员4~6人。

3.2　任务

制定工作应急预案，能够熟练操作电脑，精通编排方法。

3.3　赛前

3.3.1　协助总裁判长制定裁判员学习、实习计划，并准备相关学习资料。

3.3.2　熟悉竞赛规程，了解赛场、器材以及各项、各组报名等情况，收集有关竞赛方面的信息（报名表、运动员照片等)，制作运动员检录卡、各种比赛表格（见附件)，准备抽签用具。

3.3.3　提供制作秩序册所需的相关材料，根据大会要求，编排竞赛日程和竞赛秩序单，确定比赛场次。

3.3.4　编排中应注意在一个赛事中若有两个以上直道赛项目的比赛，先安排短距离后安排长距离。

3.3.5　编排时各项目每组比赛所需间隔时间可参考如下(大会提供至少三组龙舟器材)。

100m　　3~5 min

200m　　3~5 min

300m　　3~5 min

500m　　6~8 min

800m　　7~9 min

1000m　　10~12 min

3.3.6　参加联席会，负责领队、教练员签到和各队签署安全责任书，记录预赛分组抽签工作。

3.3.7　直道赛预赛分组抽签的顺序为：如设种子队，先将其均匀抽入各组；同地区或同单位的队分别抽入不同的组，其他队依次抽签进组。缺席的队由指定人员（裁判员）代抽，并将抽签结果打印后分发给各参赛队。

3.3.8　每场比赛前，将检录卡交检录组，将该场地比赛的竞赛秩序单交给各裁判组。

3.3.9　分组编排方案列表（表 2-1 至表 2-12)。

表 2-1　F4.1 分组编排方案

F4.1=5，6，7 或 8 支队参赛

预赛分组	赛道	复赛分组	赛道	半决赛分组	赛道	决赛分组	赛道
预赛 1 （6） 2 3 （7） **预赛 2** 5 1 4 （8）	（1） 2 3 （4） 1 2 3 （4）			**5~6 队** **半决赛** **预赛排名** 预之 5 预之 3 预之 4 （预之 6）	1 2 3 （4）	**小决赛** **决 5~8 名** （半决 5） 半决 3 半决 4 （半决 6）	（1） 2 3 （4）
				7~8 队 **半决赛 1** **预赛排名** （预之 8） 预之 4 预之 5	（1） 2 3	**决　赛** **决 1~4 名** 半决 1 预之 1 预之 2 半决 2	1 2 3 4
				半决赛 2 **预赛排名** 预之 7 预之 3 预之 6	1 2 3		

说明：① 预赛分 2 组，小组第 1 名进入决赛，其余进入半决赛；

② 5~6 队参赛，半决赛 1 组，前两名进入决赛，其余进入小决赛（若 5 队参赛，最后 1 名为第 5 名）；

③ 7~8 队参赛，半决赛分 2 组，小组第 1 名进入决赛，其余进入小决赛。

表 2-2　F4.2 分组编排方案

F4.2=9，10，11 或 12 支队参赛

预赛分组	赛道	复赛分组	赛道	半决赛分组	赛道	决赛分组	赛道
						排名赛	
预赛 1		**复赛 1**		**半决赛 1**	1	**决 9~12 名**	
9	1	**预赛排名**		复之 2	2	**10~12 队**	
3	2	（预之 10）	（1）	预之 2	3	**复赛排名**	
4	3	预之 6	2	预之 3	4	（复之 7）	（1）
（10）	（4）	预之 7	3	复之 3		复之 5	2
		（预之 11）	（4）		1	复之 6	3
预赛 2				**半决赛 2**	2	（复之 8）	（4）
8	1	**复赛 2**		复之 1	3		
2	2	**预赛排名**		预之 1	4	**小决赛**	
5	3	预之 9	1	预之 4		**决 5~8 名**	
（11）	（4）	预之 5	2	复之 4		半决 7	1
		预之 8	3			半决 5	2
预赛 3		（预之 12）	（4）			半决 6	3
7	1					半决 8	4
1	2					**决赛**	
6	3					**决 1~4 名**	
（12）	（4）					半决 3	1
						半决 1	2
						半决 2	3
						半决 4	4

说明：① 预赛分 3 组，小组第 1 名加落败队伍中成绩最好的 1 支队进入半决赛，其余进入复赛；

② 复赛分 2 组，小组第 1 名加落败队伍中成绩最好的 2 支队进入半决赛，其余进入排名赛（若 9 队参赛，最后 1 名为第 9 名）；

③ 半决赛分 2 组，小组第 1 名加落败队伍中成绩最好的 2 支队进入决赛，其余进入小决赛。

表 2-3　F4.3 分组编排方案

F4.3=13，14，15 或 16 支队参赛

预赛分组	赛道	复赛分组	赛道	半决赛分组	赛道	决赛分组	赛道
预赛 1		**复赛 1**		**半决赛 1**		**排名赛**	
12	1	**预赛排名**		复之 2	1	**决 9~12 名**	
4	2	预之 13	1	预之 2	2	**12 支队**	
5	3	预之 7	2	预之 3	3	**复赛排名**	
13	4	预之 8	3	复之 3	4	复之 7	1
预赛 2		（预之 14）	（4）	**半决赛 2**		复之 5	2
11	1	**复赛 2**		复之 1	1	复之 6	3
3	2	**预赛排名**		预之 1	2	复之 8	4
6	3	预之 12	1	预之 4	3		
（14）	（4）	预之 6	2	复之 4	4	**小决赛**	
预赛 3		预之 9	3			**决 5~8 名**	
10	1	（预之 15）	（4）			半决 7	1
2	2	**复赛 3**				半决 5	2
7	3	**预赛排名**				半决 6	3
（15）	（4）	预之 11	1			半决 8	4
预赛 4		预之 5	2				
9	1	预之 10	3			**决赛**	
1	2	（预之 16）	（4）			**决 1~4 名**	
8	3					半决 3	1
（16）	（4）					半决 1	2
						半决 2	3
						半决 4	4

说明：①预赛分 4 组，小组第 1 名进入半决赛，其余进入复赛；

②复赛分 3 组，小组第 1 名加落败队伍中成绩最好的 1 支队进入半决赛，第 5~8 名进入排名赛，其余按成绩排名；

③半决赛分 2 组，小组第 1 名加落败队伍中成绩最好的 2 支队进入决赛，其余进入小决赛。

表 2-4　F4.4 分组编排方案

F4.4＝17，18，19 或 20 支队参赛

预赛分组	赛道	复赛分组	赛道	半决赛分组	赛道	决赛分组	赛道
预赛 1		**复赛 1**		**半决赛 1**		**排名赛**	
15	1	**预赛排名**		复之 1	1	**决 9~12 名**	
5	2	预之 17	1	预之 3	2	半决 11	1
6	3	预之 11	2	预之 4	3	半决 9	2
16	4	预之 12	3	复之 2	4	半决 10	3
预赛 2		（预之 18）	（4）	**半决赛 2**		半决 12	4
14	1	**复赛 2**		预之 8	1		
4	2	**预赛排名**		预之 2	2	**小决赛**	
7	3	预之 16	1	预之 5	3	**决 5~8 名**	
17	4	预之 10	2	复之 3	4	半决 7	1
预赛 3		预之 13	3	**半决赛 3**		半决 5	2
13	1	（预之 19）	（4）	预之 7	1	半决 6	3
3	2	**复赛 3**		预之 1	2	半决 8	4
8	3	**预赛排名**		预之 6	3		
（18）	（4）	预之 15	1	复之 4	4	**决赛**	
预赛 4		预之 9	2			**决 1~4 名**	
12	1	预之 14	3			半决 3	1
2	2	（预之 20）	（4）			半决 1	2
9	3					半决 2	3
（19）	（4）					半决 4	4
预赛 5							
11	1						
1	2						
10	3						
（20）	（4）						

说明：①预赛分 5 组，小组第 1 名加落败队伍中成绩最好的 3 支队进入半决赛，其余进入复赛；

②复赛分 3 组，小组第 1 名加落败队伍中成绩最好的 1 支队进入半决赛，其余按成绩排名；

③半决赛分 3 组，小组第 1 名加落败队伍中成绩最好的 1 支队进入决赛，第 5~8 名进入小决赛，第 9~12 名参加排名赛。

表 2-5　F6. 1 分组编排方案

F6. 1=7，8，9，10，11 或 12 支队参赛

预赛分组	赛道	复赛分组	赛道	半决赛分组	赛道	决赛分组	赛道
预赛 1				**7~8 队**		**小决赛**	
(10)	(1)			**半决赛**		**决 7~12 名**	
6	2			预之 7	1	(半决 9)	(1)
2	3			预之 5	2	(半决 7)	(2)
3	4			预之 3	3	半决 5	3
7	5			预之 4	4	半决 6	4
(11)	(6)			预之 6	5	(半决 8)	(5)
预赛 2				(预之 8)	(6)	(半决 10)	(6)
(9)	(1)						
5	2			**9~12 队**		**决赛**	
1	3			**半决赛 1**		**决 1~6 名**	
4	4			(预之 12)	(1)	半决 3	1
(8)	(5)			预之 8	2	半决 1	2
(12)	(6)			预之 4	3	预之 1	3
				预之 5	4	预之 2	4
				预之 9	5	半决 2	5
						半决 4	6
				半决赛 2			
				(预之 11)	(1)		
				预之 7	2		
				预之 3	3		
				预之 6	4		
				(预之 10)	(5)		

说明：①预赛分 2 组，小组第 1 名进入决赛，其余进入半决赛；

②7~8 队参赛，半决赛 1 组，小组前 4 名进入决赛，其余进入小决赛（若 7 队参赛，最后 1 名为第 7 名）；

③半决赛分 2 组，小组第 1 名加落败队伍中成绩最好的 2 支队进入决赛，其余进入小决赛。

表 2-6　F6.2 分组编排方案

F6.2=13，14，15，16，17 或 18 支队参赛

预赛分组	赛道	复赛分组	赛道	半决赛分组	赛道	决赛分组	赛道
预赛 1		**复赛 1**		**半决赛 1**		**排名赛**	
(15)	(1)	**预赛排名**		复之 4	1	**决 13~18 名**	
9	2	(预之 16)	(1)	预之 6	2	**14~18 队**	
3	3	预之 12	2	预之 2	3	**复赛排名**	
4	4	预之 8	3	预之 3	4	(复之 11)	(1)
10	5	预之 9	4	复之 1	5	(复之 9)	(2)
(16)	(6)	预之 13	5	复之 5	6	复之 7	3
		(预之 17)	(6)			复之 8	4
预赛 2				**半决赛 2**		(复之 10)	(5)
(14)	(1)	**复赛 2**		复之 3	1	(复之 12)	(6)
8	2	**预赛排名**		预之 5	2	**小决赛**	
2	3	(预之 15)	(1)	预之 1	3	**决 7~12 名**	
5	4	预之 11	2	预之 4	4	半决 11	1
11	5	预之 7	3	复之 2	5	半决 9	2
(17)	(6)	预之 10	4	复之 6	6	半决 7	3
		(预之 14)	(5)			半决 8	4
预赛 3		(预之 18)	(6)			半决 10	5
13	1					半决 12	6
7	2					**决赛**	
1	3					**决 1~6 名**	
6	4					半决 5	1
12	5					半决 3	2
(18)	(6)					半决 1	3
						半决 2	4
						半决 4	5
						半决 6	6

说明：①预赛分 3 组，小组第 1 名加落败队伍中成绩最好的 3 支队进入半决赛，其余进入复赛；

②复赛分 2 组，小组前 2 名加落败队伍中成绩最好的 2 支队进入半决赛，其余进入排名赛（若 13 队参赛，最后 1 名为第13 名）；

③半决赛分 2 组，小组前 2 名加落败队伍中成绩最好的 2 支队进入决赛，其余进入小决赛。

表 2-7　F6.3 分组编排方案

F6.3=19，20，21，22，23 或 24 支队参赛

预赛分组	赛道	复赛分组	赛道	半决赛分组	赛道	决赛分组	赛道
预赛 1		**复赛 1**		**半决赛 1**		**排名赛**	
(20)	(1)	**预赛排名**		复之 4	1	**决 13~18 名**	
12	2	(预之 21)	(1)	预之 6	2	**复赛排名**	
4	3	预之 15	2	预之 2	3	复之 11	1
5	4	预之 9	3	预之 3	4	复之 9	2
13	5	预之 10	4	复之 1	5	复之 7	3
(21)	(6)	预之 16	5	复之 5	6	复之 8	4
预赛 2		(预之 22)	(6)			复之 10	5
19	1	**复赛 2**		**半决赛 2**		复之 12	6
11	2	**预赛排名**		复之 3	1		
3	3	(预之 20)	(1)	预之 5	2	**小决赛**	
6	4	预之 14	2	预之 1	3	**决 7~12 名**	
14	5	预之 8	3	预之 4	4	半决 11	1
(22)	(6)	预之 11	4	复之 2	5	半决 9	2
预赛 3		预之 17	5	复之 6	6	半决 7	3
18	1	(预之 23)	(6)			半决 8	4
10	2	**复赛 3**				半决 10	5
2	3	**预赛排名**				半决 12	6
7	4	预之 19	1				
15	5	预之 13	2			**决赛**	
(23)	(6)	预之 7	3			**决 1~6 名**	
预赛 4		预之 12	4			半决 5	1
17	1	预之 18	5			半决 3	2
9	2	(预之 24)	(6)			半决 1	3
1	3					半决 2	4
8	4					半决 4	5
16	5					半决 6	6
(24)	(6)						

说明：①预赛分 4 组，小组第 1 名加落败队伍中成绩最好的 2 支队进入半决赛，其余进入复赛；

②复赛分 3 组，小组第 1 名加落败队伍中成绩最好的 3 支队进入半决赛，第 7~12 名进入排名赛，其余按成绩排名；

③半决赛分 2 组，小组前 2 名加落败队中成绩最好的 2 支队进入决赛，其余进入小决赛。

表 2-8　F6.4 分组编排方案

F6.4=25，26，27，28，29 或 30 支队参赛

预赛分组	赛道	复赛分组	赛道	半决赛分组	赛道	决赛分组	赛道
预赛 1		**复赛 1**		**半决赛 1**		**排名赛**	
25	1	**预赛排名**		复之 4	1	**决 13~18 名**	
15	2	（预之 26）	（1）	预之 6	2	**复赛排名**	
5	3	预之 18	2	预之 2	3	复之 11	1
6	4	预之 10	3	预之 3	4	复之 9	2
16	5	预之 11	4	复之 1	5	复之 7	3
（26）	（6）	预之 19	5	复之 5	6	复之 8	4
预赛 2		（预之 27）	（6）	**半决赛 2**		复之 10	5
24	1	**复赛 2**		复之 3	1	复之 12	6
14	2	**预赛排名**		预之 5	2		
4	3	预之 25	1	预之 1	3		
7	4	预之 17	2	预之 4	4	**小决赛**	
17	5	预之 9	3	复之 2	5	**决 7~12 名**	
（27）	（6）	预之 12	4	复之 6	6	半决 11	1
预赛 3		预之 20	5			半决 9	2
23	1	（预之 28）	（6）			半决 7	3
13	2	**复赛 3**				半决 8	4
3	3	**预赛排名**				半决 10	5
8	4	预之 24	1			半决 12	6
18	5	预之 16	2				
（28）	（6）	预之 8	3				
预赛 4		预之 13	4			**决赛**	
22	1	预之 21	5			**决 1~6 名**	
12	2	（预之 29）	（6）			半决 5	1
2	3	**复赛 4**				半决 3	2
9	4	**预赛排名**				半决 1	3
19	5	预之 23	1			半决 2	4
（29）	（6）	预之 15	2			半决 4	5
预赛 5		预之 7	3			半决 6	6
21	1	预之 14	4				
11	2	预之 22	5				
1	3	（预之 30）	（6）				
10	4						
20	5						
（30）	（6）						

说明：①预赛分 5 组，小组第 1 名加落败队伍中成绩最好的 1 支队进入半决赛，其余进入复赛；

②复赛分 4 组，小组第 1 名加落败队伍中成绩最好的 2 支队进入半决赛，第 7~12 名进入排名赛，其余按成绩排名；

③半决赛分 2 组，小组前 2 名加落败队伍中成绩最好的 2 支队进入决赛；其余进入小决赛。

表 2-9　F8.1 分组编排方案

F8.1=9，10，11，12，13，14，15 或 16 支队参赛

预赛分组	赛道	复赛分组	赛道	半决赛分组	赛道	决赛分组	赛道
预赛 1				**9~10 队**		**小决赛**	
(14)	(1)			**半决赛**		**决 9~16 名**	
(10)	(2)			预之 9	1	**10~16 队**	
6	3			预之 7	2	(半决 13)	(1)
2	4			预之 5	3	(半决 11)	(2)
3	5			预之 3	4	(半决 9)	(3)
7	6			预之 4	5	半决 7	4
(11)	(7)			预之 6	6	半决 8	5
(15)	(8)			预之 8	7	(半决 10)	(6)
				(预之 10)	(8)	(半决 12)	(7)
预赛 2						(半决 14)	(8)
(13)	(1)			**11~16 队**			
9	2			**半决赛 1**		**决赛**	
5	3			(预之 16)	(1)	**决 1~8 名**	
1	4			(预之 12)	(2)	半决 5	1
4	5			预之 8	3	半决 3	2
8	6			预之 4	4	半决 1	3
(12)	(7)			预之 5	5	预之 1	4
(16)	(8)			预之 9	6	预之 2	5
				(预之 13)	(7)	半决 2	6
						半决 4	7
				半决赛 2		半决 6	8
				(预之 15)	(1)		
				预之 11	2		
				预之 7	3		
				预之 3	4		
				预之 6	5		
				预之 10	6		
				(预之 14)	(7)		

说明：①预赛分 2 组，小组第 1 名进入决赛，其余进入半决赛；

②9~10 队参赛，半决赛 1 组，小组前 6 名进入决赛，其余进小决赛（若 9 队参赛，最后 1 名为第 9 名）；

③11~16 队参赛，半决赛分 2 组，小组前 2 名加落败队伍中成绩最好的 2 支队进入决赛，其余进入小决赛。

表 2-10　F8.2 分组编排方案

F8.2=17，18，19，20，21，22，23 或 24 支队参赛

预赛分组	赛道	复赛分组	赛道	半决赛分组	赛道	决赛分组	赛道
预赛 1		**复赛 1**		**半决赛 1**		**排名赛**	
(21)	(1)	**预赛排名**		复之 6	1	**决 17~24 名**	
15	2	(预之 22)	(1)	复之 2	2	**复赛排名**	
9	3	(预之 18)	(2)	预之 6	3	(复之 15)	(1)
3	4	预之 14	3	预之 2	4	(复之 13)	(2)
4	5	预之 10	4	预之 3	5	(复之 11)	(3)
10	6	预之 11	5	预之 7	6	复之 9	4
16	7	预之 15	6	复之 3	7	复之 10	5
(22)	(8)	(预之 19)	(7)	复之 7	8	(复之 12)	(6)
		(预之 23)	(8)			(复之 14)	(7)
预赛 2				**半决赛 2**		(复之 16)	(8)
(20)	(1)	**复赛 2**		复之 5	1		
14	2	**预赛排名**		复之 1	2	**小决赛**	
8	3	(预之 21)	(1)	预之 5	3	**决 9~16 名**	
2	4	预之 17	2	预之 1	4	半决 15	1
5	5	预之 13	3	预之 4	5	半决 13	2
11	6	预之 9	4	预之 8	6	半决 11	3
17	7	预之 12	5	复之 4	7	半决 9	4
(23)	(8)	预之 16	6	复之 8	8	半决 10	5
		(预之 20)	(7)			半决 12	6
预赛 3		(预之 24)	(8)			半决 14	7
(19)	(1)					半决 16	8
13	2						
7	3					**决赛**	
1	4					**决 1~8 名**	
6	5					半决 7	1
12	6					半决 5	2
(18)	(7)					半决 3	3
(24)	(8)					半决 1	4
						半决 2	5
						半决 4	6
						半决 6	7
						半决 8	8

说明：① 预赛分 3 组，小组前 2 名加落败队伍中成绩最好的 2 支队进入半决赛，其余进入复赛；

② 复赛分 2 组，小组前 3 名加落败队伍中成绩最好的 2 支队进入半决赛，其余进入排名赛（若 17 队参赛，最后 1 名为第 17 名）；

③ 半决赛分 2 组，小组前 3 名加落败队伍中成绩最好的 2 支队进入决赛，其余进入小决赛。

表 2-11　F8.3 分组编排方案

F8.3=25，26，27，28，29，30，31 或 32 支队参赛

预赛分组	赛道	复赛分组	赛道	半决赛分组	赛道	决赛分组	赛道
预赛 1		**复赛 1**		**半决赛 1**		**排名赛**	
(28)	(1)	**预赛排名**		复之 6	1	**决 17~24 名**	
20	2	(预之 29)	(1)	复之 2	2	**复赛排名**	
12	3	预之 23	2	预之 6	3	复之 15	1
4	4	预之 17	3	预之 2	4	复之 13	2
5	5	预之 11	4	预之 3	5	复之 11	3
13	6	预之 12	5	预之 7	6	复之 9	4
21	7	预之 18	6	复之 3	7	复之 10	5
(29)	(8)	预之 24	7	复之 7	8	复之 12	6
预赛 2		(预之 30)	(8)			复之 14	7
(27)	(1)	**复赛 2**		**半决赛 2**		复之 16	8
19	2	**预赛排名**		复之 5	1		
11	3	(预之 28)	(1)	复之 1	2	**小决赛**	
3	4	预之 22	2	预之 5	3	**决 9~16 名**	
6	5	预之 16	3	预之 1	4	半决 15	1
14	6	预之 10	4	预之 4	5	半决 13	2
22	7	预之 13	5	预之 8	6	半决 11	3
(30)	(8)	预之 19	6	复之 4	7	半决 9	4
预赛 3		预之 25	7	复之 8	8	半决 10	5
(26)	(1)	(预之 31)	(8)			半决 12	6
18	2	**复赛 3**				半决 14	7
10	3	**预赛排名**				半决 16	8
2	4	(预之 27)	(1)				
7	5	预之 21	2			**决赛**	
15	6	预之 15	3			**决 1~8 名**	
23	7	预之 9	4			半决 7	1
(31)	(8)	预之 14	5			半决 5	2
预赛 4		预之 20	6			半决 3	3
25	1	(预之 26)	(7)			半决 1	4
17	2	(预之 32)	(8)			半决 2	5
9	3					半决 4	6
1	4					半决 6	7
8	5					半决 8	8
16	6						
24	7						
(32)	(8)						

说明：①预赛分 4 组，小组第 1 名加落败队伍中成绩最好的 4 支队进入半决赛，其余进入复赛；

②复赛分 3 组，小组前 2 名加落败队伍中成绩最好的 2 支队进入半决赛，第 9~16 名进入排名赛，其余按成绩排名；

③半决赛分 2 组，小组前 3 名加落败队伍中成绩最好的 2 支队进入决赛，其余进入小决赛。

表 2-12　F8.4 分组编排方案

F8.4=33，34，35，36，37，38，39 或 40 支队参赛

预赛分组	赛道	复赛分组	赛道	半决赛分组	赛道	决赛分组	赛道
预赛 1		**复赛 1**		**半决赛 1**		**排名赛**	
（35）	（1）	**预赛排名**		复之 6	1	**决 17~24 名**	
25	2	（预之 36）	（1）	复之 2	2	**复赛排名**	
15	3	预之 28	2	预之 6	3	复之 15	1
5	4	预之 20	3	预之 2	4	复之 13	2
6	5	预之 12	4	预之 3	5	复之 11	3
16	6	预之 13	5	预之 7	6	复之 9	4
26	7	预之 21	6	复之 3	7	复之 10	5
（36）	（8）	预之 29	7	复之 7	8	复之 12	6
预赛 2		（预之 37）	（8）			复之 14	7
（34）	（1）	**复赛 2**		**半决赛 2**		复之 16	8
24	2	**预赛排名**		复之 5	1		
14	3	（预之 35）	（1）	复之 1	2	**小决赛**	
4	4	预之 27	2	预之 5	3	**决 9~16 名**	
7	5	预之 19	3	预之 1	4	半决 15	1
17	6	预之 11	4	预之 4	5	半决 13	2
27	7	预之 14	5	预之 8	6	半决 11	3
（37）	（8）	预之 22	6	复之 4	7	半决 9	4
预赛 3		预之 30	7	复之 8	8	半决 10	5
33	1	（预之 38）	（8）			半决 12	6
23	2	**复赛 3**				半决 14	7
13	3	**预赛排名**				半决 16	8
3	4	（预之 34）	（1）				
8	5	预之 26	2			**决赛**	
18	6	预之 18	3			**决 1~8 名**	
28	7	预之 10	4			半决 7	1
（38）	（8）	预之 15	5			半决 5	2
预赛 4		预之 23	6			半决 3	3
32	1	预之 31	7			半决 1	4
22	2	（预之 39）	（8）			半决 2	5
12	3	**复赛 4**				半决 4	6
2	4	**预赛排名**				半决 6	7
9	5	预之 33	1			半决 8	8
19	6	预之 25	2				
29	7	预之 17	3				
（39）	（8）	预之 9	4				
		预之 16	5				

续表

预赛分组	赛道	复赛分组	赛道	半决赛分组	赛道	决赛分组	赛道
预赛5 31 21 11 1 10 20 30 （40）	 1 2 3 4 5 6 7 （8）	预之24 预之32 （预之40）	6 7 （8）				

说明：① 预赛分5组，小组第1名加落败队伍中成绩最好的3支队进入半决赛，其余进入复赛；

② 复赛分4组，小组第1名加落败队伍中成绩最好的4支队进入半决赛，第9~16名进入排名赛，其余按成绩排名；

③ 半决赛分2组，小组前3名加落败队伍中成绩最好的2支队进入决赛，其余进入小决赛。

3.4　赛中

3.4.1　工作岗位一般设在终点附近，便于在尽可能短的时间内做好成绩记录和编排下一赛次秩序单等工作。

3.4.2　及时打印每一组比赛的成绩公告单，送交总裁判长审核签字后，一式三份（一份张贴，一份交宣告员，一份存档）进行成绩公告等工作。

3.4.3　采用电脑、手工两种操作方法，尽快编排下一赛次的秩序，核实无误后，迅速、适时地通报给各裁判组。

3.5　赛后

3.5.1　比赛结束后，迅速向总裁判长提供各项目获奖名单。

3.5.2　制作成绩册，上报总裁判长审核无误后及时分发给各参赛队伍。

3.5.3　召集本组裁判员总结，交还裁判工作器材，整理好所有文件、资料并移交给大会竞赛部门。

第 4 条　检录

4.1　编制

裁判长 1~5 人，裁判员 7~15 人。

4.2　任务

制定工作应急预案。严格按竞赛日程要求开展工作，确保参赛队检录—登舟—起点—比赛等过程的流畅性。熟悉赛道抽签的方法，运用规范的检录语言，有效使用对讲机。

4.3　赛前

4.3.1　熟悉竞赛规程、竞赛日程及参赛队伍及工作场地区域分布等情况，掌握运动员休息区域，确定比赛的检录区和候检区，制定运动员登舟的路线。

4.3.2　每场比赛前 40 min 到达赛场，与编排组联系领取运动员检录卡和竞赛秩序单，布置检录处，准备好裁判工作器材。

4.3.3　每组比赛前 30 min 主持赛道抽签。通知各队教练员到达检录处，语言要简练规范，如“检录处公告，请参加××组×××米直道赛预赛的运动队教练员到检录处进行赛道抽签。”在时间允许的情况下，赛前可完成所有组别预赛的赛道抽签，并及时将赛道抽签结果报送各裁判组。用对讲机传送赛道信息时，语言要简练规范，如“各裁判组注意，检录公告：××组×××米直道赛预赛第×组赛道抽签结果，一道×××队、二道×××队，收到请回复”或“各裁判组注意，检录公告：××组×××米直道赛预赛，赛道抽签结果按竞赛秩序单排列顺序如下，预赛第一组为4、6、3、2、1、5，预赛第二组为……收到请回复”。

4.3.4　每组比赛前20 min召集参赛队到达检录区，核对照片、身份，检查服装、救生衣、队长标志等，如有违规、少员或其他情况应及时通知总裁判长。

4.3.5　赛前10~15 min向参赛队说明出入登舟平台的方法和附赛道行驶路线等有关事项，适时引导各参赛队到登舟平台，与器材裁判组交接。

4.4　赛中

4.4.1　比赛开始后要掌握比赛进程，严格按时间要求有序组织每组比赛参赛队的检录，配合器材裁判组组织运动员登舟。

4.4.2　加强与编排组联系，尽快通知参加下一赛次参赛队的教练员到检录处进行赛道抽签，适时将赛道抽签结果通报各裁判组。

4.5　赛后

召集本组裁判员总结，交还裁判工作器材。

第5条　器材

5.1　编制

裁判长1~5人，裁判员7~15人。

5.2　任务

制定工作应急预案。根据登舟平台的实际情况，掌握1~2种拴船的方法，将龙舟合理、有序摆放，确保龙舟出入流畅。比赛时要快速将龙舟调整到靠平台的一侧，便于参赛队安全有序登舟，原则上不允许运动员踩踏空龙舟上下船。在比赛过程中严格禁止调换龙舟和龙舟上的赛道编号牌，龙舟编号与赛道牌编号一旦核对并安装到位，任何人不得擅自更换。启用备用龙舟必须请示总裁判长。

5.3　赛前

5.3.1　大会须提供 3 组比赛龙舟和 2 条备用龙舟，要准备一定数量的备用器材，如龙头、龙尾、桨、鼓、鼓架、鼓槌、锣、锣架、锣槌、水瓢（每条龙舟至少 4 只）、绳、舵桨固定装置等，还需安排 2 名技术工人，负责现场器材维修工作。

5.3.2　器材裁判员到达赛区后，要了解比赛器材和设备的情况，检查登舟平台、所有大会提供的器材、比赛龙舟及附属装置，并做好相应的标志。对龙舟进行检验，按重量和流线型将龙舟编号分组。

5.3.3　检验各参赛队自备划桨，检验合格后贴上防水标志，并在比赛过程中对各参赛队自备划桨进行随机抽查。

5.3.4　负责发放和回收大会提供的器材。对各队在训练及比赛中需使用的龙舟、舵桨、救生衣等器材，要办理借用手续。

5.3.5　每场比赛前 40 min 到达登舟平台，了解龙舟在登舟平台的停放情况。检查龙舟及附属装置和龙舟上的赛道牌。准备工作就绪后，用对讲机通知检录、起点、终点裁判组，告知每组比赛龙舟赛道牌的颜色。

5.3.6　协助检录裁判员清点人数（必要时可拍照留证），检查服装，指挥各参赛队登舟，有序离开登舟平台并从附赛道划向起点。

5.4　赛中

5.4.1　每组比赛结束后，指挥各参赛队有序停靠登舟平台上岸，并注意清点运动员人数（尤其是长距离赛事），检查龙舟和附属装置有无损坏，及时通知大会对损坏器材进行维修或补充。

5.4.2　保持与检录裁判组的联系和配合，及时掌握比赛进程，加强登舟平台附近水域的管理，确保龙舟出入登舟平台安全、有序、流畅。

5.5 赛后

召集本组裁判员总结，将停靠在登舟平台的龙舟有序摆放，交还裁判工作器材。

第6条 起点

6.1 编制

裁判长1~2人，裁判员6~10人。

6.2 任务

制定工作应急预案，确保整个赛事的流畅。明确与终点裁判员的联系方式，统一取齐、发令尺度，保证赛道上所有参赛队均能清楚地听见发令信息，适时组织发令。落实接送裁判员的水上交通工具。

6.3 赛前

6.3.1 每场比赛前30 min到达工作岗位，检查起点场地的设备，熟悉器材，助理发令员用对讲机与终点联系，配合试发令若干次。

6.3.2 起点裁判长负责组织取齐和发令。助理发令员协助裁判长查看有无犯规现象，负责启动秒表（终点备份计时用）。起点裁判员负责龙舟进入本赛道的调度，稳定好各龙舟的位置，协助裁判长观察其远侧划桨是否有犯规现象，用规定手势及时将信息反馈给起点裁判长。起点摄像员从该组龙舟取齐开始摄像至发令结束，摄录龙舟在起点出发的全过程。

6.3.3 发令前须向各队说明发令的程序和节奏，如“各队注意—预备—划”。一般“各队注意”至“预备”口令之间的时间可稍长，待所有龙舟全部处于稳定状态时再发“预备”口令。“预备”至“划”间隔为 5 s 内，当全部龙舟取齐并处于静止状态后，可择机发出“划”的口令。

6.3.4　绕标赛、拉力赛的出发口令为“某队准备，5—4—3—2—1—划”，追逐赛的出发口令为“某队准备—预备—划”。如出现抢航犯规现象，无须召回，将犯规队情况通报终点。

6.4　赛中

6.4.1　赛前 3 min 通知参赛队及时进入各自的赛道。赛前 2 min 进行点名，核实赛队信息。赛前 1 min 开始取齐，此时要掌握好龙舟在起点线上保持稳定状态。当所有龙舟稳定取齐后，发令员发出“各队注意”口令，待所有参赛队作出反应后缓慢举起发令器材（枪或旗）发出“预备”口令，此时起点裁判员双手松开龙尾，两臂缓慢侧平举，助理发令员听到“划”的口令时及时启动秒表（作为终点备份秒表）。如助理发令员发现某队抢航，应立即报告起点裁判长，由起点裁判长报告终点裁判长和总裁判长，并留好抢航的录相证据。

6.4.2　在发令过程中要用对讲机及时把三个时段的信息传送到终点，但不要将对讲机送话按钮持续按住，以免影响赛场突发信息的及时输入。

6.4.3　当终点没有正常收到起点发令信号而请求起点补救发令时，迅速启用起点备份秒表，采用虚拟发令的办法进行补救。发令员应将补救发令的时间控制为整数，如 20 s，30 s，40 s等。

6.5　赛后

召集本组裁判员总结，交还裁判工作器材。

第7条　赛道

7.1　编制

裁判长1~4人，裁判员1~4人。

7.2　任务

制定工作应急预案，对在比赛中的突发事件要冷静、果断、迅速处理。熟练掌握水上安全救护的操作方法，了解其他救生艇的位置，相互配合，确保赛事的流畅和参赛队员的人身安全。

7.3　赛前

7.3.1　每场比赛前40 min到达赛场，熟悉每艘裁判艇的性能，加强与驾驶员的沟通，统一操作手势，达成共识。

7.3.2　按要求将有关裁判员送达工作岗位并及时检查竞赛水域和赛道布置等，尽快排除障碍。

7.4　赛中

7.4.1　使用浮桥式“一字”起点平台时，一艘裁判艇停在起点发令台一侧，另一艘裁判艇停在起点裁判对面准备跟进。其他裁判艇在起航平台后组织和管理下一组赛队比赛。听到发令员“划”的信号时，及时启动秒表（作为终点备份秒表）。

7.4.2　龙舟正常出发后，两艘裁判艇应依次交替在比赛龙舟后面60m尾随，观察比赛中龙舟有无犯规现象，对可能发生的犯规及时予以警告并令其保持正确航向。如发生犯规，则立即进行判罚。

7.4.3　比赛处于正常状态时，裁判艇到达起点、终点时均需举白旗示意（约10 s），可无须起、终点回复旗示。龙舟正常通过终点后，举白旗示意终点，并指挥所有通过终点的龙舟按规定路线迅速划回登舟平台。如有犯规情况，举红旗，填写

“赛道裁判报告单”，画出犯规地点及情况示意图，签署意见后交总裁判长处理。如终点举红旗示意需要备份秒表时，赛道裁判员应立即靠近终点，与终点裁判长交换秒表。

7.4.4　在比赛中出现龙舟相撞、沉船、翻船等严重犯规现象时，首先对落水的运动员进行快速救助，再严格按规则、规程妥善处理。复赛以上的赛次，出现此类严重犯规现象，并造成多条龙舟受到影响，而该组龙舟尚未划过半程时，可直接中止该组比赛，对该组比赛龙舟实施拦截、召回，重新组织比赛并报总裁判长。如比赛龙舟已过半程并接近终点时则不宜采用“中止比赛”。

7.4.5　每艘裁判艇查看 2~4 条赛道的比赛龙舟，除非条件完全不允许，赛道裁判员还应对每组比赛的全过程进行摄像。

7.4.6　4 条以下赛道的比赛，每组可以有一艘裁判艇在赛道中跟进，其操作方法同上。

7.5　赛后

召集本组裁判员总结，交还裁判工作器材。

第 8 条　终点

8.1　编制

裁判长 1~3 人，裁判员 7~12 人。

8.2　任务

制定工作应急预案。在比赛中观察和记录每条龙舟通过终点的先后顺序，审核名次和成绩。在无法明确判定名次时，以终点摄像为最终裁定的依据。终点摄像的资料，在大会闭幕前，除终点裁判长外，其他人员需查看时必须经总裁判长批准。

8.3　赛前

8.3.1　熟悉秒表性能，统一名次判定和人工计时的操作方法（用拇指关节控制秒表按钮）。开表时要整齐一致。

8.3.2　每场比赛前 30 min 到达工作岗位，布置场地，检查器材，准备好比赛用具，并填写好相关记录表格。

8.3.3　了解起点发令程序、口令及发令信号，并主动与起点联系试发令若干次。

8.4　赛中

8.4.1　每组比赛听到起点“划”的信号时开表，并迅速检查秒表启动情况，如有异常应迅速报告终点裁判长。

8.4.2　比赛龙舟距终点 100m 时，应做好判名次和计时的准备。当所有龙舟通过终点时，必须准确记录该组龙舟的名次和时间（时间保留百分之一秒），并填写成绩报告单。如遇计时成绩和名次不一致时，以终点名次为准。

8.4.3　龙舟通过终点时，终点裁判员应依次鸣笛示意。每组比赛结束后终点裁判长未下达“回表”口令，计时员不得擅自回表。

8.4.4　起点已正常发令而终点未收到信号，可启用备份秒表。

8.4.4.1　如未收到起点发令信号，属短暂与起点失去联系，经再次呼叫畅通后，迅速启用起点备份秒表，采用虚拟发令的办法进行补救，即：终点计时员听到虚拟发令口令开动秒表，同时起点备份秒表暂停，起点裁判长告知终点裁判长起点备份秒表的读数。当该组比赛的龙舟分别到达终点线时，各赛道终点计时员则分别停表，将起点备份秒表读数加上终点各赛道计时的成绩，即为该组各赛道龙舟的比赛成绩。如果龙舟出发后已过半程，则不宜采用。

8.4.4.2　若通讯信号中断，无法启用起点备份秒表，可启用赛道裁判备份秒表，即：该组龙舟到达终点时，终点计时员均依次开动秒表，在赛道裁判秒表送达终点后，终点计时员和赛道裁判员一起听从统一口令停表，将赛道裁判秒表的读数减去终点计时员分表读数，即为该组各赛道龙舟的比赛成绩。

8.4.4.3　若通讯信号中断，在能见度较好的情况下，终点可采用望远镜观测起点发令直接开表的方式计时。

8.4.5　绕标赛、拉力赛及长距离的比赛采用总表和分表全程跟踪计时的两套计时方案。

8.5　赛后

召集本组裁判员总结，交还裁判工作器材和原始成绩记录资料。

第9条　宣告员

9.1　编制

1~3人。

9.2　任务

制定工作应急方案。了解中国龙舟发展的历史及现状，熟悉规则、规程，掌握所有参赛队的基本情况，做好广播宣告及协调曲目播放工作，负责解说或根据需要主持开、闭幕式和颁奖仪式。

9.3　赛前

检查工作岗位，熟悉播音器材，参加各种会议，走访运动队，收集各参赛队相关资料。

9.4　赛中

合理使用对讲机，每组比赛的前后保持与各裁判长的联系。生动介绍赛况，协助大会维持赛场秩序，播报有关通知和相关信息。

9.5　赛后

总结工作，交还宣告工作器材和相关资料。

9.6　有条件的赛区可成立体育展示团队，体育展示团队应由礼宾团队、音频团队、视频团队、表演团队等多个团队组成，对赛事开闭幕式、串场演出、颁奖环节、音频视频输出等工作进行系统化、专业化的设计和编排，以呈现出更好的赛事宣传效果。

附件：常用表格

附件 1：预赛分组抽签表

________组直道赛预赛分组抽签表

________m 直道赛		________m 直道赛	
组别	队名	组别	队名

附件 2：运动员上场登记表

运动员上场登记表（以 12 人为例）

________组　________人龙舟　________m　______赛

队名				领队 教练			
号码	姓名	性别	备注	号码	姓名	性别	备注
1			鼓手	8			划手
2			舵手	9			划手
3			划手	10			划手
4			划手	11			划手
5			划手	12			划手
6			划手	13			划手
7			划手	14			划手

教练签名：________　日　期：________　时　间：________

附件3：运动员检录卡

运动员检录卡（以23人为例）

________组________m________赛　　　队名______________

		1	2	3	4
姓名：	姓名：	姓名：	姓名：	姓名：	姓名：
领队	教练	舵手	鼓手	锣手	划手
5	6	7	8	9	10
姓名：	姓名：	姓名：	姓名：	姓名：	姓名：
划 手	划 手	划 手	划 手	划 手	划 手
11	12	13	14	15	16
姓名：	姓名：	姓名：	姓名：	姓名：	姓名：
划 手	划 手	划 手	划 手	划 手	划 手
17	18	19	20	21	22
姓名：	姓名：	姓名：	姓名：	姓名：	姓名：
划 手	划 手	划 手	划 手	划 手	划 手
23	24	25	26	27	队长姓名：______ 号码：______
姓名：	姓名：	姓名：	姓名：	姓名：	
划 手	划 手	划 手	划 手	划 手	

注：此表以实际参赛人数放大制作，方格内贴参赛队员1寸半身照片。

附件 4：赛道检查报告单

赛道检查报告单

赛序：______　______组______m______赛　第______组

赛 道	单　位	犯 规 情 况	处 理 意 见

赛 道 犯 规 示 意 图

起点　　　　　　　　　　　　　　　　　　　　　　　　终点

1	
2	
3	
4	

赛道裁判员：　　　　赛道裁判长：　　　　总 裁 判 长：

年　　月　　日

（注：A4 纸打印，一页显示）

附件 5：竞赛日程

×××龙舟赛竞赛日程

第　赛日	年　月　日　星期　上（下）午					
项目	赛序	时　间	组　别	竞赛内容	队数	备　注
第×赛日比赛结束						

附件 6：秩序单

组（　人）龙舟　m　赛　赛　队　组

赛序	龙舟	时间	组次	赛道	队　名	成绩	名次	备　注

附件 7：分组成绩报告表

××××××龙舟比赛

分组成绩报告表

组（　人）龙舟　m　赛　赛　队　组

赛序	龙舟	时间	组次	赛道	队名	成绩	名次	备注

公告时间：　终点裁判长签名：　总裁判长签名：

注：此表为三线表。

附件 8：计时表

计时表

赛序：　　　　　　　　组别：

赛道	成绩	决定成绩

终点计时员：

附件 9：终点名次表

终点名次表

赛序：　　　　　　　　组别：

名次	1	2	3	×××
赛　道				

终点裁判长：

附件 10：绕标赛舟号抽签记录表

绕标赛舟号牌抽签记录表

赛序	出发顺序	队名	舟号	备注

注：本表是由检录裁判填写绕标赛舟号，并仅将此表送单给器材裁判使用。

附件 11：绕标赛记圈表

记圈表

组（　人）龙舟　　m 绕标赛　　第　组

出发顺序	队名	通过终点成绩			名次	备注
		第一次	第二次	最终成绩		
1						
2						
⋮						
N						

记圈员：

附件 12：团体总分表（名次排前面）

×××龙舟赛××组团体总分表

总名次	队名	______人龙舟直道赛				绕标赛		总积分	备注
		______m		______m		______m			
		名次	积分	名次	积分	名次	积分		

注：此表为三线表。

附件 13：单项成绩表

×××龙舟赛×××组××人龙舟××m 直道赛成绩表

名次	队名	成绩	积分	备注

注：此表为三线表。

附件 14：抗议（申诉）表

抗议（申诉）表

<table>
<tr><td rowspan="2">队名</td><td rowspan="2"></td><td>事发时间</td><td>收到时间</td></tr>
<tr><td></td><td></td></tr>
<tr><td>事由</td><td colspan="3"></td></tr>
<tr><td>抗议
（申诉）
理由</td><td colspan="3">领队签名：　　　　年　　月　　日　　时　　分</td></tr>
<tr><td>有关裁判、总裁判长或被抗议的当事人（队）对事件的说明</td><td colspan="3">相关裁判签名：　　　年　　月　　日　　时　　分</td></tr>
<tr><td>仲裁意见</td><td colspan="3">仲裁委员会主任签名：　年　　月　　日　　时　　分</td></tr>
</table>

注：抗议、申诉各交纳人民币 5000 元。

（注：A4 纸打印，一页显示）

附件 15：安全责任书（样本）

安全责任书

大会组委会：

＿＿＿＿＿＿＿＿＿＿队参加＿＿＿＿＿＿＿＿＿＿的比赛，根据中国龙舟协会竞赛规则和本次龙舟竞赛规程规定，我队保证报名参赛的所有队员的身体状况和游泳能力均符合安全规定要求，并已办理户外人身意外保险；现申请不穿救生衣参加比赛，由此引起的所有安全责任事故，由我队自行承担，大会不负任何责任。

领　队（签名）：

教练员（签名）：

队　长（签名）：

＿＿＿年＿＿＿月＿＿＿日

（注：A4 纸打印，一页显示）

第二篇

中国冰上龙舟竞赛规则与裁判法

（2020年版）

目 录 CONTENTS

前言 PREFACE

冰上龙舟，是将传统龙舟运动与中国北方民间常见的“冰车”形式相结合，在原有龙舟竞赛方式的基础上改造而延伸出的新型龙舟运动形式，既保留了传统龙舟运动的技巧性与竞技性，也打破了龙舟运动季节的局限性。

冰上龙舟竞赛活动自 21 世纪初开始不断发展：哈尔滨太平湖于 2005 年举办了哈尔滨首届冰上龙舟节。2009 年，银川市体育局开始探索尝试将龙舟赛移植到冰面上来，并于 2010 年元旦期间举办了首届银川市冰上龙舟赛，近 20 支赛队参加比赛，吸引近万名群众在寒冬中驻足呐喊助兴，在全国范围内引起广泛关注。通过连续两年成功举办冰上龙舟赛，银川市体育局于 2011 年结合龙舟竞赛和直道速滑比赛的规则特点，制定了较为详细的冰上龙舟竞赛标准。2011 年 4 月初，在由国家体育总局社体中心、中国龙舟协会组织的中国龙舟运动规则论证会上，通过“银川标准”为中国冰上龙舟运动的最初标准，并将冰上龙舟比赛发源地正式确定为银川，这一标准开始向全国推广。

在国际范围内，冰上龙舟因其参与人群范围广泛、技术动作要领易于培训掌握、趣味性强，也受到世界各地龙舟爱好者及冰雪运动爱好者的喜爱。自 2015 年起，每年都有多项冰上龙舟赛事在世界各地成功举办。

为更好地继承和发扬中华传统体育文化，大力发展冰雪运动，落实全面健身计划，中国龙舟协会根据冰上龙舟运动发展的现状和需要，组织协会和相关领域专家，在 2014 版和 2017 版基础上，修订编写了 2018 版《中国冰上龙舟竞赛规则和裁判法》(试行)，并在 2020 年 1 月举办的第 14 届全国冬季运动会冰上龙舟比赛中执行。中国冰上龙舟竞赛规则与裁判法的制定，有利于进一步将龙舟项目的这一创新竞赛形式在国内推广，为中国冰上龙舟赛事的规范开展提供了依据，满足了广大冰上龙舟爱好者和裁判员的需求。

《中国龙舟竞赛规则与裁判法（2020 年版）》在 2020 年进行了重新修订。本次《中国冰上龙舟竞赛规则与裁判法（2020 年版）》是基于 2018 年版本和《中国龙舟竞赛规则与裁判法（2020 年版）》的修订版。

中国龙舟协会

2020 年 12 月

第一部分
冰上龙舟竞赛规则

第一章　总　则

第 1 条　定义

1.1　冰上龙舟运动是依靠冰杖向后支撑冰面的动作，配合舟底的冰刀使龙舟滑动，并利用舟底的刹车和转向装置实现制动和转向的冰上运动项目。舟的首尾饰以龙首、龙尾，配备鼓、舵，延续保持中国民俗传统。

1.2　冰上龙舟竞赛是指在尽可能短的时间内，完成规定距离的比赛。

第 2 条　竞赛形式

2.1　直道竞速赛：指在尽可能短的时间内，通过 800m 以内标志清晰而无任何障碍的直线赛道的竞赛。

2.2　团队接力赛：指在不少于 400m 的直道内进行迎面接力的竞赛。

第 3 条　竞赛类别

3.1　冰上龙舟锦标赛。

3.2　冰上龙舟世界杯。

3.3　冰上龙舟俱乐部锦标赛。

3.4　冰上龙舟公开赛。

3.5　冰上龙舟邀请赛。

3.6　青少年冰上龙舟赛。

3.7　其他冰上龙舟赛事。

第 4 条　竞赛组别

4.1　公开组：运动员无年龄、无性别限制。

4.2　男子组：运动员必须是男性，无年龄限制。

4.3　女子组：运动员必须是女性，无年龄限制。

4.4　混合组：运动员性别受限，无年龄限制。

4.4.1　22 人龙舟竞赛中各参赛队应该有最少 8 名、最多 10 名同性别滑手（运动员）参赛。

4.4.2　12 人龙舟竞赛中各参赛队应该有最少 4 名、最多 5 名同性别滑手（运动员）参赛。

4.4.3　5 人龙舟竞赛中各参赛队应该有最少 2 名、最多 3 名同性别滑手（运动员）参赛。

4.4.4　混合组鼓手和舵手无性别限制。

4.5　青年组：除非竞赛规程另有规定，运动员年龄为当年 12 月 31 日前满 18 周岁但不超过 23 周岁。

青年组可以设公开、男子、女子及混合组。

4.6　少年组：除非竞赛规程另有规定，运动员年龄为当年 12 月 31 日前满 12 周岁但不超过 18 周岁。

4.6.1　少年甲组：运动员年龄为当年 12 月 31 日前满 12 周岁但不超过 18 周岁。

4.6.2　少年乙组：运动员年龄为当年 12 月 31 日前满 12 周

岁但不超过 16 周岁。

4.6.3 少年丙组：运动员年龄为当年 12 月 31 日前满 12 周岁但不超过 14 周岁。

4.6.4 任何生日在 1 月 1 日当天或之后的 14 岁、16 岁、18 岁运动员在当年仍可作为 13 岁、15 岁、17 岁动员参赛（除舵手外）。

4.6.5 少年组可以设公开、男子、女子及混合组。

4.7 老将组：除鼓手和舵手外，运动员年龄必须在 40 周岁或以上（以当年 12 月 31 日计）。

4.7.1 老将甲组：运动员年龄必须在 40 周岁或以上（以当年 12 月 31 日计）。

4.7.2 老将乙组：运动员年龄必须在 50 周岁或以上（以当年 12 月 31 日计）。

4.7.3 老将丙组：运动员年龄必须在 60 周岁或以上（以当年 12 月 31 日计）。

4.7.4 老将组可以设公开、男子、女子及混合组。

第 5 条　竞赛项目

冰上龙舟运动竞赛项目包括（表 1）：

表 1　冰上龙舟运动竞赛项目一览表

项目 组别	直道竞速赛					团队接力赛
	100 m	200 m	300 m	500 m	800 m	400 m
公开组	√	√	√	√	√	
男子组	√	√	√	√	√	
女子组	√	√	√	√	√	
混合组	√	√	√	√	√	√
青年组	√	√	√	√	√	
少年组	√	√	√			
老将组	√	√	√			

第 6 条　规则适用范围

本规则适用于国内举办的各类冰上龙舟赛事。

第二章　比赛场地、设施与器材

第 7 条　比赛场地

7.1　比赛场地应设在适于开展冰上龙舟活动的冰面。冰面至少应达到 200m×80m，也可根据需要增加冰面的长度和宽度，以满足竞赛的需求。

7.2　比赛场地应设在能具备 4~6 条以上赛道的冰面上。冰面必须是平整、光滑，平面高低误差小于 0.01m，冰层厚度必须大于 0. 3m。

7. 3　赛道规格及要求。

7. 3. 1　赛道的长度和宽度须经测量并有精确的平面图纸。

7. 3. 2　赛道线必须平行且与起点线和终点线垂直。

7. 3. 3　根据报名参赛队数，设 4~6 条赛道，每条赛道的宽度为 9~10m。以最接近终点裁判塔的赛道为第一赛道，其余依次类推。

7. 3. 4　终点裁判台（人工计时台）应为阶梯式，为四层。规格为宽 3m，阶梯高度为 0. 4m，深度为 0. 6m。最上面一层为 3m×3m，以便于加设摄像机。

7. 3. 5　赛道线宽 0. 1m，在赛道线外侧（附赛道对面）每隔 50m 设置一个高 1m、直径 0. 3m 的分段标志（形状上小下大）。

7. 3. 6　设置宽度不小于 12m 的附赛道。

7. 3. 7　赛道两侧外 6m 设置安全线。

7. 3. 8　赛道应于各队报到前布置完毕。

7. 4　起点线和终点线的延长线近端 5m 以外位置，均设高 3m 以上清晰可见的标志杆。起点线和终点线的延长线远端 6m 以外位置，均设与冰面垂直、清晰可见的瞄准牌，其规格高 3m，宽 0. 6m（左边 0. 3 米为黑色、右边 0. 3 米为黄色）。

7. 5　在起点线和终点线外每一条赛道中间的冰面上标注编号，编号的颜色和赛道相同，其规格为 1m×1m。

7. 6　在起点线外留 100m 以上的起点准备区域（包括登舟区域，起点区域等）。

7. 7　终点线外 100m 处、赛道的中间设置高 2m、宽 1. 5m 的终点赛道牌（蓝底白字）。

第 8 条　比赛设施

8.1　登舟区域

登舟区域应宽阔、安全，有利于运动员登舟、龙舟摆放和保护比赛器材。

8.2　发令台

设置在起点线的延长线上（第一赛道的外侧），配备扩音等器材设施。

8.3　起点区域

设置在起点线后，起点区域长度不少于比赛所设赛道总宽度，每条赛道须配备小扬声器等设施。

8.4　缓冲雪墙

设置在终点线外 100m 以上的缓冲区域，以缓冲龙舟从滑行至停止的斜坡式雪堆。

8.5　终点裁判塔

设在封闭的室内，便于安装电子计时设备和终点摄像机。共三层，第一层为人工计时（人工计时台应为阶梯式），第二层为电子计时、赛事编排，第三层为摄像机位。

第 9 条　比赛器材

9.1　22 人龙舟：使用中国龙舟协会认证的 22 人（23 人）龙舟标准。总长（含龙头、龙尾）18400 ± 30mm，舟体型长 15500±20mm，龙头长 1450 ± 10mm，龙尾长 1450 ± 10mm；舟体型宽（中舱最宽处）1100 ± 10mm；对称度≤5mm，舟体型深≤530±10mm。

9.2　12 人龙舟：使用中国龙舟协会认证的 12 人龙舟标准。

总长（含龙头、龙尾）12950±30mm，舟体型长 10950±20mm，龙头长 950mm，龙尾长 1050mm；舟体型宽（中舱最宽处）1000±10mm；对称度≤3mm，舟体型深≤500±10mm。

9.3　5 人龙舟：使用中国龙舟协会认证的迷你（5 人）龙舟标准。总长（含龙头、龙尾）不小于 8900±20mm，舟长 7000±20mm，舟体型宽（中舱最宽处）1000±10mm；对称度≤3mm，舟体型深≤500mm。

9.4　所有龙舟需符合下列要求。

9.4.1　必须在龙舟的底部加装利于在冰面上滑行的装置且高度不大于 200±10mm（不含轮滑）。

9.4.2　必须在龙舟的尾部加装转向和制动装置，以便于冰上龙舟始终保持灵活操作。

9.4.3　冰杖由把手、杖杆和冰钎组成。冰杖的长度为 1200~1500mm，冰钎长度≤200mm。冰杖以不损害冰面为原则。冰钎和冰面的接触点要成为一个面。

第 10 条　设备与用具

按照最新版《中国龙舟竞赛规则与裁判法》相关内容并结合场地实际情况执行。

第三章　运动员

第 11 条　参赛资格

11.1　参赛运动员须身体健康。

11.2　在无年龄限制的组别中，如运动员的年龄未达到 12 周岁，须指定一名运动员负责其安全，否则取消该运动员的参赛资格。

11.3　比赛期间，参赛运动员必须携带身份证、参赛证和注册证，以备审查。

11.4　综合性运动会，按相关竞赛规定、竞赛规程执行。

第 12 条　参赛人数

12.1　不同类型的冰上龙舟赛，对参赛人数有不同的规定要求（表 2）。

表 2　冰上龙舟运动参赛人数一览表

类型	总人数	滑手		舵手		鼓手		替补队员
		正常人数	减员后	正常人数	减员后	正常人数	减员后	
22 人冰上龙舟	≤26 人	20 人	≥18 人	1 人	1 人	1 人	1 人	4 人
12 人冰上龙舟	≤14 人	10 人	≥8 人	1 人	1 人	1 人	1 人	2 人
5 人冰上龙舟	≤7 人	4 人	≥3 人	共 1 人				2 人

12.2　参赛减员

检录时，教练员声明减员，经检录裁判长同意，该队本场比赛可减员参赛。减员仅限于滑手，但不包括混合组对同一性别滑手的最低限制，否则该队不得参加比赛。（详见表 2“减员后”一栏）

12.3　各参赛队必须设队长 1 人，比赛时佩戴大会统一提供的队长标志。

12.4　参赛运动员的资格在登舟后即为确定，不得替换。

第13条　服装要求

13.1　比赛时同队运动员的服装款式和颜色必须一致，队员可佩戴符合安全规定的统一头饰。

13.2　各运动队在比赛服外必须加穿赛事组委会提供的参赛马甲（不同赛道，不同颜色）。

13.3　大会为各参赛队运动员提供参赛号码布，运动员须按报名登记表登记的号码将号码布佩戴在上衣背后。

13.4　除非大会另有规定，在综合性运动会比赛中，运动员不得穿着未经主办单位批准的带有赞助广告的比赛服参赛，也不得在冰杖上带上赞助厂商的广告。

第四章　裁判员

第14条　裁判员等级制度及管理

按照最新版《中国龙舟竞赛规则与裁判法》相关内容执行。

第15条　裁判组组成及职责

15.1　裁判组由总裁判长、副总裁判长、编排裁判长、检录裁判长、器材裁判长、起点裁判长、赛道裁判长、终点裁判长、宣告员组成。

15.2　裁判组职责

15.2.1　按规则、规程组织比赛。

15.2.2　负责比赛中有关裁判执裁的工作。

15.2.3　处罚违反竞赛规则、规程的行为。

15.2.4　遇特殊情况，在保证比赛公正、公平、公开的前提下，由总裁判长就临场出现的问题作出解释和处置。

15.2.5　如遇突发情况或天气原因需中断或终止比赛时，由总裁判长向技术代表提交延期或取消比赛的报告。

第五章　竞赛通则

第 16 条　检录

16.1　各参赛队必须提前 30 min 到达检录处接受检录，参加该组比赛赛道抽签，接受裁判点名、资格验证和服装检查。超过检录时间 15 min 未到达检录区的赛队，按自动弃权处理。

16.2　检录时，教练员声明减员，按规则“12.2 参赛减员”条款执行。凡违反规定经警告不服从者，取消该队比赛资格。

第 17 条　器材

17.1　参赛队必须按裁判指令登舟。凡违反规定经警告不服从者，取消其比赛资格。

17.2　登舟时，运动员按规定着参赛马甲，不得携带可改变舟体摩擦力的涂抹物质、动力器材和通信设备等影响公平竞赛的物品。凡违反规定经警告不服从者，取消其比赛资格。

17.3　携带未经裁判检验合格的冰杖登舟，经警告不服从者，取消其比赛资格。

17.4　参赛队冲过终点线至停止后，凡发现携带违禁物品、器材短缺或人员与登舟时不符者，取消其比赛资格。

17.5　参赛队冲过终点线至停止后，在裁判员的指挥下下舟，并列队沿附赛道回休息区域，过程中不得擅自离开队伍，凡违反规定经警告不服从者，取消其比赛资格。

第 18 条　起点

18.1　出发准备

各参赛队必须在起点裁判员的指挥下尽快将冰上龙舟（龙头）前沿稳定在起点线上，凡有不服从裁判员指挥或有意拖延时间者，将被黄牌警告。

18.2　发令程序

18.2.1　赛前 3 min 各参赛队根据起点裁判员的指令进入赛道。

18.2.2　赛前 2 min 进行点名，此时未进入赛道的队，将被黄牌警告。

18.2.3　赛前 1 min 开始取齐，取齐过程中发令员择机发令。

18.2.4　各参赛队准备就绪后，发令员开始发令。口令为：“各队注意—预备—滑”，并同时鸣笛。

18.2.5　“预备”至“滑”的间隔时间不超过 5 s。

18.2.6　当发令员发出“各队注意”口令时，未准备好的参赛队，鼓手应举手示意。

18.2.7　发令员正常发令后，各参赛队不论何种原因延误起航的，责任自负。

18.2.8　每组起航次数不得超过两次。

18.3　抢航犯规

在发令员发出“预备”口令后，各参赛队须处于静止状态。在“滑”的口令前，凡冰杖接触冰面或敲鼓、吹哨、呼喊指挥滑手的参赛队，均判抢航犯规。

18.4　召回信号

发生抢航后，起点裁判员将连续“鸣笛”以示抢航犯规，赛道裁判员迅速进行拦截，并召集各队返回起点重新比赛。

18.5　遇到下列情况之一者，取消比赛资格

18.5.1　在组织第二次起航时发生抢航的队。

18.5.2　同组比赛过程中两次受黄牌警告的参赛队。

18.5.3　一次黄牌警告又抢航一次的参赛队。

18.5.4　发生抢航后拒绝召回起点的参赛队。

第19条　赛道

19.1　比赛中，各参赛队必须自始至终保持冰上龙舟在本赛道中间滑行，冰上龙舟的任何部分均不得超越本赛道，冰上龙舟偏离赛道的一切风险由赛队自行负责。

19.1.1　即使赛队是在本赛道沿中央直线滑行，也应与相邻赛队的冰上龙舟保持至少4m的冰面距离。“冰面距离”是指相邻两条冰上龙舟冰钎之间的距离。当赛道裁判员发出“保持冰面距离”指令时，各参赛队必须遵照执行。

19.1.2　若发生串道并领先于被串道冰上龙舟时，串道的队被判罚犯规，取消该队比赛资格。

19.1.3　若发生串道但落后于被串道冰上龙舟，未影响其他赛队正常比赛且能够迅速滑回本赛道的串道队，可不判犯规。

19.2　滑行姿势必须为坐姿。

19.3　各参赛队鼓手必须有节奏地击鼓（可以加吹口哨）指挥滑手。起航50m之后未击鼓的参赛队被判罚加时5 s。

19.4　各参赛队舵手、鼓手不得以任何方式撑冰，否则，该队取消比赛资格。

19.5　比赛中如发生两条或两条以上冰上龙舟相撞，根据下列情况判罚和确定是否中止比赛。

19.5.1　预赛发生此等事件，犯规队被判罚红牌，取消该队比赛资格，其他队继续完成该组比赛，确已受到影响的队由总裁判长根据情况安排重赛。

19.5.2　复赛至决赛的赛次中，如在比赛半程内发生此等事件，由赛道裁判长发出中止比赛信号并拦截，此时，取消犯规队的比赛资格，其他队立即召回起点，重新比赛。

19.5.3　复赛至决赛的赛次中，如在比赛过半程发生此等事件，取消犯规队的比赛资格，其他队继续完成该组比赛，确已受影响的队由总裁判长根据实际情况安排重赛。

19.5.4　重赛时，该组名次以各参赛队完成比赛的计时成绩来确定。重赛时间安排在下一轮赛次之前，但不保证受影响的队进入下一赛次前有足够的休息时间。决赛中受影响的队在事发 30 分钟内重赛。

19.6　参赛队若将冰上龙舟故意翻转或损坏，除负责摆正船只、赔偿外，取消该队比赛资格。

19.7　比赛过程中若发生器材损坏或失落，比赛继续进行。

19.8　比赛中若出现队员落至冰面，取消该队比赛资格。

19.9　比赛中若出现未预见的情况（天气原因、冰面情况等），导致冰上龙舟在偶然的情况下侧翻或两船相撞，使整场比赛受到实质性影响，即使该场比赛已按正确程序开始，仍应由赛道裁判长发出中止比赛指令，召回起点重新比赛。

第 20 条　终点

20.1　冰上龙舟的前部须设赛道编号牌。冰上龙舟（龙头）

最前端通过本赛道终点线才视为滑完全程。由终点裁判根据龙舟通过终点线的先后顺序判定名次。

20.2　名次相同

若同场比赛有两条或两条以上的冰上龙舟同时到达终点，除了涉及第一名需重赛外，其他名次可并列，以下相应名次空出。因名次相同，且影响下一轮次晋级名额时，将由总裁判长根据实际情况指令相同名次的队进行重赛或抽签以确定晋级资格。

20.3　时间相等

当同轮次比赛中有两支或两支以上的参赛队比赛时间相等，且超出晋级名额时，将由总裁判长根据实际情况指令相同时间的队进行重赛或抽签以确定晋级资格。

20.4　冰上龙舟通过终点线至停止后，应即刻接受器材裁判员的检查和交还器材，未经检查的赛队不得下舟，不得与外界接触。待裁判员检查完毕，所有运动员下舟并列队沿附赛道返回休息区域后参赛队才被视为完成该场比赛。

20.5　参赛冰上龙舟未从本赛道内通过终点，该队成绩无效，并被取消比赛名次。

第 21 条　团队接力赛

21.1　比赛方法

每个团队由男队和女队各 1 支冰上龙舟组成，分别位于全赛程的两端（男队位于起点一端，女队位于终点一端）。全赛程 400m，每个团队的男、女队分别使用相邻的两个赛道（例如：团队 1 使用 1 条、2 条赛道；团队 2 使用 3 条、4 条赛道），各滑行 200m。

比赛前，每个团队的男、女冰上龙舟分别进入本团队赛道各自的出发线后，等候裁判员发令。发令信号（笛）响，比赛开始，每个团队的女队先出发，由接力赛起点滑向对面；当女队冰上龙舟的最前端（龙头）到达起点标志，裁判员会鸣笛和挥红旗，随即男队滑向终点。男队冰上龙舟的最前端（龙头）到达终点线，即为滑完全程。以各参赛队男队冰上龙舟的最前端（龙头）通过终点线的先后顺序判定名次。

21.2　其他比赛事项，参照本规则相关条款执行。

第22条　仲裁委员会

按照最新版《中国龙舟竞赛规则与裁判法》相关内容执行。

第23条　抗议、申诉

23.1　若对裁判员人选的组成或对其他参赛队运动员参赛资格有疑义，各参赛队必须在领队、教练员、裁判长联席会议上或赛前12 h，由领队向仲裁委员会提交书面抗议。如有相关选派人员、参赛资格等公示文件，应以公示文件所提及的申诉时间和申诉方式进行实名制申诉。

23.2　若对比赛中裁判员的判决不服，各参赛队必须在成绩公告后30 min内由领队以书面形式向仲裁委员会提出申诉。超过申诉规定时限，仲裁委员会不予受理。

23.3　各参赛队在提交书面抗议、申诉的同时须交纳5000元人民币的抗议、申诉金。若胜诉，抗议、申诉费全额退还。

23.4　仲裁委员会在受理抗议、申诉和费用后，在30 min内进行调查取证，召开仲裁会议，按照《仲裁委员会条例》中的相关规定及时作出裁决，不得影响比赛和颁奖。

23.5　仲裁委员会在调查取证后作出的决定即为最终裁决，并立即生效。同时，将裁决书面材料报大会组委会备案。

23.6　仲裁委员会是临时机构，比赛期间执行任务，岗位设在检录或终点区域，并应挂有明显标识，比赛结束自行撤销。

第 24 条　技术代表

24.1　负责赛事的竞赛组织工作，监督赛事按规则、规程的要求进行。

24.2　与组委会配合，共同保证所有技术性安排均符合赛事要求。

24.3　严格按竞赛规则、规程规定审核编排、竞赛日程、比赛器材、场地布置、比赛成绩。

24.4　主持技术会议，并向技术官员、参赛队伍详细介绍赛事工作情况。

24.5　如需要，向有关部门提交比赛准备情况的书面报告。

第六章　冰上安全条例

第 25 条　责任

25.1　中国龙舟协会高度关注参加冰上龙舟比赛包括各参赛队、裁判员、工作人员在内的所有人员的安全，全面做好安全保障工作。

25.2　各承办单位必须承担赛事期间的安全责任。

25.3　各参赛队必须自行购买所有人员的人身意外保险。

25.4　各参赛队领队、教练和队长应将安全参赛的相关规定落实到位，在比赛中队长须负责该队所有运动员的安全管理工作。

25.5　组委会有责任对赛道进行封闭和管理。对危及安全的区域必须设立鲜明的标注或派有专人导航。

第 26 条　安全保障及职责

26.1　冰上安全保障

26.1.1　由中国龙舟协会主办的各类赛事，承办方必须提供冰上安全保障。

26.1.2　大会设安全主任和安全员。安全主任和安全员由承办单位挑选并培训合格方能上岗。

26.1.3　在安全主任、各安全点之间建立有效的通信联动系统，确保比赛期间及时有效地开展工作。

26.1.4　大会设医疗及急救服务站。医疗及急救服务站由承办单位提供，并对参加医疗及急救服务的人员进行培训。

26.1.5　在赛前训练和比赛期间，安排相应人数的有资质的安全员、医生和护士在赛场指定地点值班，随时准备施救。

26.1.6　比赛期间，至少配备 8 名穿着冰鞋等滑冰设备的安全员（救护员），以便能以最快的速度到达事发地点实施急救工作。

26.2　安全主任和安全员职责

26.2.1　制定整个赛事安全系统的运作程序及意外情况发生的应急处理预案。

26.2.2　参加领队、教练员及裁判长联席会议，由安全主任讲解赛事安全运作程序及应急处理预案。

26.2.3　比赛前，负责收集各参赛队运动员资料表（包括运动员任何已知的病史记录），以便及早掌握各参赛队运动员的基本情况。

26. 2. 4　比赛期间如出现特殊情况，且继续比赛会影响参赛者的健康和安全，安全主任应及时建议总裁判长采取措施，延期或取消比赛。

26. 2. 5　负责比赛中参赛者的一切安全事宜，确保安全措施的落实。

26. 2. 6　比赛期间，安全员应不晚于开赛前 30 min 到达岗位。

第 27 条　安全机构及设备

27. 1　比赛期间，大会设冰上和陆上医疗及救生服务站。医疗及救生服务站由承办单位提供，并对参加医疗及救生服务的人员进行培训。在赛前训练和比赛期间安排 1 名医生和 2 名护士在现场值班。

27. 2　比赛期间，医护人员应不晚于开赛前 15 min 到达岗位。

第 28 条　冰上龙舟队的安全规定

28. 1　运动员按规则“第 11 条 参赛资格”条款执行。

28. 2　各参赛队应完全了解赛事条例、竞赛规则和竞赛规程中的所有比赛安全的相关事项，报名时须与主办单位签署安全责任书，并确保所有运动员遵守安全规定。

28. 3　运动员在比赛期间，身体和精神状况应适宜比赛。若在比赛中出现严重伤病，一经发现，裁判员有权立即中止比赛，强制其接受大会提供的医疗救护。

28. 4　危险信号旗帜

28. 4. 1　每条龙舟均需携带两面黑色旗帜（一面在船首，

另一面在船尾）作为危险信号旗帜。当有运动员不慎落至冰面或因其他情况需发出“危险信号”时，由队员挥舞旗帜或两手侧平举在头上方交叉挥动，发出求救信号直至安全员回应。

28. 4. 2　无故发出求救信号的赛队将被取消比赛资格。

第 29 条　滑行的安全规定

29. 1　比赛中，按规则“第 19 条 赛道”条款执行。

29. 2　赛场内，各参赛队必须按照统一规定的方向滑行，严禁自行随意方向滑行，经警告不服从者，取消其比赛资格。

29. 3　向终点滑行的冰上龙舟严禁横切赛道，抵达终点后不得突然变向转弯，避免影响其他冰上龙舟，确保安全，经警告不服从者，取消其比赛资格。

第 30 条　器材安全标准

按照国家标准化管理委员会颁布的相关标准执行。

第七章　赛事规程

第 31 条　竞赛条例、规则、规程的关系

竞赛条例是与竞赛相关的规范条例，适用于各类别龙舟赛事。竞赛规则是规范比赛的行为准则，是竞赛中执法的依据。竞赛规程是竞赛条例、竞赛规则中未涉及内容的补充，只适应于一次赛事或一次系列赛事。竞赛条例、竞赛规则具有相对长的周期性和普遍的适应性，竞赛规程则只对某一次赛事或某一次系列赛事有效。三者均是技术、行政性赛事指令性文件。

第 32 条　奖励

按照最新版《中国龙舟竞赛规则与裁判法》相关内容执行。

第 33 条　赛场平面示意图

绘制赛场平面示意图，并有如下标注。

33.1　赛场方向，赛道（隔离标志标注）及宽度。

33.2　附赛道及宽度、警戒区域及宽度。

33.3　比赛起点线和终点线、起点和终点编号牌、起点和终点瞄准牌及标志杆、分段距离标志、终点赛道牌的位置。

33.4　观龙台、发令台、起点区域、终点裁判塔、缓冲雪墙的位置。

33.5　各参赛队休息区域、运动员准备活动区域、候检区域、检录区域、登舟区域及编号。

33.6　成绩公告区域、医疗及救生服务站、嘉宾及观众区域、公共卫生间设施位置。

33.7　如需在赛场颁奖，还应标明颁奖等候区和颁奖区。

第 34 条　参赛费用

比赛若收取竞赛服务费、住宿费、餐饮费、交通费等费用，须在竞赛规程、邀请函或赛事接待安排等文件资料中提前详细说明。

第 35 条　编排原则

35.1　秉持公平、公正、公开的原则对待各参赛队所享有的编入各赛次组别的权利。

35.2　为减少竞赛的偶然性，录取下一赛次优胜者时，以名次加成绩的方法进行。

35.3　预赛采用抽签的方法进行分组，尽可能避免同一地区（或单位）分在同一小组内。

35.4　参赛队数多于或少于赛道倍数时，采取平均分配分组，每组之间差额不得大于1。

35.5　各项目的编排顺序应考虑起点的移动，尽可能将同一距离不同组别的比赛安排在同一时段内进行，以减少起点的移动，保证比赛的流畅性。

35.6　充分考虑各参赛队赛次之间的休息时间。

35.6.1　休息时间是指赛次的间隔时间，即竞赛日程中前一轮次最后一组出发时间与下一轮次第一组出发时间的间隔。

赛队享有下列休息时间：

100m　　13～30 min。

200m　　13～30 min。

300m　　13～40 min。

500m　　13～40 min。

800m　　13～50 min。

35.6.2　如参赛队兼项（混合组）比赛，竞赛编排将不能确保其享有上述休息时间。

第36条　编排方法

36.1　采用预赛、复赛、半决赛、决赛的赛制进行编排。

36.2　各赛次分组使用蛇形排列方法，将赛队实力合理均匀分布。

36.3　预赛分组可根据运动队的报名成绩或在系列赛中的积分进行蛇形排列分组，或抽签确定。预赛分组如采用抽签方式则在技术会议上进行，预赛赛道于赛前在检录处抽签确认。

36.4　上一轮次比赛结束后，根据各优胜队的小组名次和成绩分别排入相应的高一级赛次的小组和赛道，其余赛队依据本轮次中各队成绩分别排入相应的下一赛次的小组和赛道。

36.5　从观赏角度出发，一般将成绩好的赛队安排在赛道的中间位置（或抽签），如 6 条道时按成绩编入赛道顺序为：3 道、4 道、2 道、5 道、1 道、6 道。

36.6　当某一项目同一级别参赛队报名数大于赛道数的平方，可增加一个赛次，即采用预赛、次赛、复赛、半决赛、决赛。也可分为 A、B 两组进行，分别进行预赛、复赛、半决赛，获得各组决赛资格的队伍参加总决赛，其余队伍按成绩排名。总决赛采用半决赛、决赛的方式进行，半决赛根据成绩蛇形排列，总决赛资格按名次加成绩的方法确定。

36.7　参赛队数等于或少于赛道数时采用轮次赛（3 轮），以积分多少排列名次，如积分相等的队伍则取其最好的两轮成绩相加排定名次。

36.8　团体总分排名，按第 1 名得 N+1 分，第 2 名得 N-1 分，第 3 名得 N-2 分，以此类推至最后一名。N 为参赛队数。

36.9　除竞赛规程另有规定，进入下一赛次的分组顺序按前一轮比赛成绩排序自下向上开始进行蛇形排列编入下轮比赛的各组（如预赛进复赛时，按预赛成绩排序自下向上开始进行蛇形排列编入复赛的各组中去）。

第 37 条　其他

冰上龙舟规则中未涉及的内容均以最新版《中国龙舟竞赛规则与裁判法》为准。

第二部分 冰上龙舟竞赛裁判法

裁判员是竞赛工作的执行者，同时也是掌握规则、规程，使比赛有序进行的执法者。因此，熟练地掌握和运用裁判工作方法是裁判员在比赛执裁中所必备的基本条件。裁判员在比赛的执裁过程中要遵守《裁判员守则》和《龙舟裁判员技术等级认证和裁判员管理实施细则》，弘扬龙舟精神，严肃认真、公正准确、谦虚谨慎、团结协作。

冰上龙舟比赛使用的所有表格参见最新版《中国龙舟竞赛规则与裁判法》的附件。

第 1 条　技术代表

1.1　编制

技术代表 1 人。

1.2　赛前

1.2.1　考察场地、制定赛事竞赛方案，提供竞赛需求清单，协调、指导、监督竞赛工作。

1.2.2　检查验收场地、赛道、竞赛功能用房、竞赛器材、裁判器材等竞赛设施器材。

1.2.3　对竞赛辅助人员、志愿者等进行培训。

1.2.4　审核大会日程、竞赛日程、竞赛方法、成绩统计系统、赛前训练。

1.2.5　主持技术性会议。

1.3　赛中

工作岗位设在观龙台，根据实际情况解决赛事中所有技术问题并指导、监督总裁判长工作。

1.4　赛后

做好竞赛总结的审核工作。

第 2 条　总裁判长

2.1 编制

总裁判长 1 人，副总裁判长 2~4 人。

2.2　赛前

2.2.1　按程序提供选调裁判人员的计划和要求。

2.2.2　根据比赛规模，结合赛场实际条件，按照技术代表的要求做好落实场地、裁判工作器材、编排、赛前训练等工作。

2.2.3　制定裁判工作手册，对裁判长、裁判员进行分工，组织学习竞赛规则和裁判法，安排赛前实习。

2.2.4　参加组委会和技术会，向参赛队提供书面赛事说明，并指定人员主持技术会预赛分组抽签等工作。

2.3　赛中

2.3.1　在大会竞赛部门的领导下全面负责竞赛裁判工作。领导全体裁判人员组织实施比赛，确保赛事按竞赛日程进行，就比赛中出现的问题在详细了解情况后做出裁决。

2.3.2　就仲裁委员会的质疑做出准确回复。

2.3.3　有权停止对犯有严重错误的裁判长、裁判员的执裁工作，并在事后向竞赛组织委员会做出书面报告。

2.3.4 对规则、规程未尽事宜须事先向技术代表提供书面请示报告后再作出妥善处理。

2.3.5 总裁判长工作岗位设在终点处，核实所有比赛成绩并签名，与各裁判工作岗位保持联系，全面掌握赛事进程，解决比赛中的疑难问题，如遇争议应及时向技术代表和仲裁委员会提交现场资料。

2.3.6 每个单元比赛结束，督促各裁判组现场小结，提出改进意见。

2.4 赛后

2.4.1 颁奖前，宣布比赛成绩。

2.4.2 督促各裁判组交还器材。

2.4.3 比赛结束后，写出裁判工作总结。

2.4.4 对所有裁判的工作表现予以客观评价，并在裁判证上签名确认。

2.5 副总裁判长

协助总裁判长工作，负责裁判员管理、对外联络等工作并且分工明确。根据比赛需要负责 1~2 个裁判组的具体工作。当总裁判长因故缺席时，由第一副总裁判长代理其工作。

第 3 条 编排

3.1 编制

裁判长 1 人，裁判员 4~6 人（其中 1~2 名应具备着滑冰设备自如地在冰面滑行的能力）。

3.2 任务

熟悉比赛规程，电脑操作熟练，精通编排方法。

3.3 赛前

3.3.1　协助总裁判长制定裁判员学习、实习计划，并准备相关学习资料。

3.3.2　熟悉竞赛规程，了解赛场、器材以及各项、各组报名等情况，收集有关竞赛方面的信息（报名表、运动员照片等），制作运动员检录卡、各种比赛表格，准备抽签用具。

3.3.3　提供制作秩序册所需的相关材料，根据大会要求，编排竞赛日程和竞赛秩序单，确定比赛场次。

3.3.4　编排中应注意在一个赛事中若有两个以上直道赛项目的比赛，先安排短距离后安排长距离。

3.3.5　编排时各项目每组比赛所需间隔时间可参考如下（大会提供至少三组冰上龙舟器材）

100m　3～5 min。

200m　4～6 min。

300m　4～7 min。

500m　5～8 min。

800m　5～9 min。

3.3.6　参加联席会，负责领队、教练员签到和各队签署安全责任书，记录预赛分组抽签工作。

3.3.7　预赛分组抽签的顺序为：如设种子队，先将其均匀抽入各组；同地区或同单位的队分别抽入不同的组，其他队依次抽签进组。缺席的队由指定人员（裁判员）代抽，并将抽签结果打印后分发给各参赛队。

3.3.8　每场比赛前，将检录卡交检录组，将该场地比赛的竞赛秩序单交给各裁判组。

3.3.9　分组编排方案列表，按照最新版《中国龙舟竞赛规则与裁判法》相关内容执行。

3.4 赛中

3.4.1 工作岗位一般设在终点附近，便于在尽可能短的时间内做好成绩记录和编排下一赛次秩序单等工作。

3.4.2 及时打印每一组比赛的成绩公告单，送交总裁判长审核签字后，一式三份（一份张贴，一份交宣告员，一份存档），进行成绩公告等工作。

3.4.3 采用电脑、手工两种操作方法，尽快编排下一赛次的秩序，核实无误后，迅速、适时地通报给各裁判组。

3.5 赛后

3.5.1 比赛结束后，迅速向总裁判长提供各项目获奖名单。

3.5.2 制作成绩册，上报总裁判长审核无误后及时分发给各参赛队伍。

3.5.3 召集本组裁判员总结，交还裁判工作器材，整理好所有文件、资料并移交给大会竞赛部门。

第4条 检录

4.1 编制

裁判长1~3人，裁判员8~12人。

4.2 任务

制定工作应急预案。严格按竞赛日程要求开展工作，确保参赛队检录—登舟—起点—比赛等过程的流畅性。熟悉赛道抽签的方法，运用规范的检录语言，有效使用对讲机。

4.3 赛前

4.3.1 熟悉竞赛规程、竞赛日程及参赛队伍及工作场地区域分布等情况，掌握运动员休息区域，确定比赛的检录区和候检区，制定运动员登舟的路线。

4.3.2　每场比赛前 40 min 到达赛场，与编排组联系领取运动员检录卡和竞赛秩序单，布置检录处，准备好裁判工作器材。

4.3.3　每组比赛前 30 min 主持赛道抽签。通知各队教练员到达检录处，语言要简练规范，如“检录处公告，请参加××组×××米直道赛预赛的运动队教练员到检录处进行赛道抽签。”在时间允许的情况下，赛前可完成所有组别预赛的赛道抽签，并及时将赛道抽签结果报送各裁判组。用对讲机传送赛道信息时，语言要简练规范，如“各裁判组注意，检录公告：××组×××米直道赛预赛第×组赛道抽签结果，一道×××队、二道×××队，收到请回复”或“各裁判组注意，检录公告：××组×××米直道赛预赛，赛道抽签结果按竞赛秩序单排列顺序如下，预赛第一组为 4、6、3、2、1、5，预赛第二组为……收到请回复”。

4.3.4　每组比赛前 20 min 召集参赛队到达检录区，核对照片、身份，检查服装、救生衣、队长标志等，如有违规、少员或其他情况应及时通知总裁判长。

4.3.5　赛前 10～15 min 向参赛队说明进入登舟区域的方法和一组比赛结束后列队从附赛道回休息区域的路线等有关事项，适时引导各参赛队到登舟区域，与器材裁判组交接。

4.4　赛中

4.4.1　比赛开始后要掌握比赛进程，严格按时间要求有序组织每组比赛参赛队的检录，配合器材裁判组组织运动员登舟。

4.4.2　加强与编排组联系，尽快通知参加下一赛次参赛队的教练员到检录处进行赛道抽签，适时将赛道抽签结果通报各裁判组。

4.5　赛后

召集本组裁判员总结，交还裁判工作器材。

第5条　器材

5.1　编制

裁判长3~5人，裁判员12~24人。

5.2　任务

制定工作应急预案。根据登舟区域的实际情况，将冰上龙舟合理、有序摆放，确保龙舟出入流畅。比赛时要快速将冰上龙舟调整到规定位置，便于参赛队安全有序登舟。在比赛过程中严格禁止调换冰上龙舟和冰上龙舟上的赛道编号牌，龙舟编号与赛道编号牌一旦核对并安装到位，任何人不得擅自更换。启用备用冰上龙舟必须请示总裁判长。

5.3　赛前

5.3.1　大会须提供3组比赛龙舟和2条备用龙舟，要准备一定数量的备用器材，如龙头、龙尾、鼓、鼓架、鼓槌、绳、备用冰杖和舵桨、舵桨装置等，还需安排2名技术工人，负责现场器材维修工作。

5.3.2　器材裁判员到达赛区后，要了解比赛器材和设备的情况，检查登舟区域、所有大会提供的器材、比赛龙舟及附属装置，并做好相应的标志。对龙舟进行检验，按重量和流线型将龙舟编号分组。

5.3.3　检验各参赛队自备冰杖，贴上合格标志，并在比赛过程中对各参赛队自备冰杖进行随机抽查。

5.3.4　负责发放和回收大会提供的器材，对各队在训练及比赛中须使用的冰上龙舟、冰杖等器材，要办理借用手续。

5.3.5　每场比赛前 40 min 到达工作岗位，了解比赛龙舟在登舟区域的停放情况。检查龙舟及附属装置和龙舟上的赛道牌，准备工作就绪后，用对讲机通知检录、起点、终点裁判组，告知每组比赛龙舟赛道牌的颜色。

5.3.6　协助检录裁判员清点人数（必要时可拍照留证），检查服装，指挥各参赛队登舟，有序离开登舟区域并滑向起点。

5.4　赛中

5.4.1　每组比赛结束后且参赛队冰上龙舟停止滑行，注意清点运动员人数，并检查冰上龙舟和附属装置有无损坏，及时通知大会对损坏器材进行维修或补充。之后指挥参赛队队员离开冰上龙舟，并列队从附赛道返回休息区域，裁判员沿附赛道将比赛完的龙舟拖回登舟区域。

5.4.2　保持与检录裁判组的联系和配合，及时掌握比赛进程，加强登舟区域附近冰面的管理，确保冰上龙舟出入登舟区域安全、有序、流畅。

5.5　赛后

召集本组裁判员总结，将停靠在登舟区域的冰上龙舟有序摆放，交还裁判工作器材。

第 6 条　起点

6.1　编制

裁判长 1~2 人，裁判员 6~10 人。

6.2　任务

制定工作应急预案，确保整个赛事的流畅。明确与终点裁判员的联系方式，统一取齐、发令尺度，保证赛道上所有参赛队均能清楚地听见发令信息，适时组织发令。

6.3　赛前

6.3.1　每场比赛前30 min到达工作岗位，检查起点区域的设备，熟悉器材。助理发令员用对讲机与终点联系，配合试发令若干次。

6.3.2　起点裁判长负责组织取齐和发令。助理发令员协助裁判长查看有无犯规现象，负责启动秒表（终点备份计时用）和发出抢航犯规召回信号。起点裁判员负责冰上龙舟进入本赛道的调度，稳定好各冰上龙舟的位置，协助裁判长观察其远侧冰杖是否有犯规现象，用规定手势及时将信息反馈给起点裁判长。起点摄像员从该组冰上龙舟取齐开始至发令结束，摄录冰上龙舟在起点出发的全过程。

6.3.3　发令前须向各队说明发令的程序和节奏，如“各队注意—预备—滑”。一般“各队注意”至“预备”口令之间的时间可稍长，待所有冰上龙舟全部处于稳定状态时再发“预备”口令。“预备”至“滑”间隔为5 s内，当全部冰上龙舟取齐并处于静止状态后，可择机发出“滑”的口令。

6.4　赛中

6.4.1　赛前3 min通知参赛队及时进入各自的赛道。赛前2 min开始点名，核实赛队信息。赛前1 min开始取齐，此时要掌握好冰上龙舟在起点线上保持稳定状态。当所有冰上龙舟稳定取齐后，发令员发出“各队注意”口令，待所有参赛队作出反应后缓慢举起发令器材（枪或旗）发出“预备”口令，此时起点裁判员双手松开龙尾，两臂缓慢侧平举，助理发令员听到“滑”的口令时及时启动秒表（作为终点备份计时用）。如有抢航犯规，助理发令员应立即发出抢航犯规召回信号。

6.4.2　在发令过程中要用对讲机及时把三个时段的信息传

送到终点，但不要将对讲机送话按钮持续按住，以免影响赛场突发信息的及时输入。

6.4.3　当终点没有正常收到起点发令信号而请求起点补救发令时，迅速启用起点备份秒表，采用虚拟发令的办法进行补救。发令员应将补救发令的时间控制为整数，如20 s，30 s，40 s等。

6.5　赛后

召集本组裁判员总结，交还裁判工作器材。

第7条　赛道

7.1　编制

裁判长2~3人，裁判员2~3人。

7.2　任务

制定工作应急预案，对在比赛中的突发事件要冷静、果断、迅速处理。要有能着滑冰设备自如地在冰面滑行的能力，熟练掌握冰上安全救护的操作方法，了解大会所设医疗及急救服务站的位置，相互配合，确保赛事的流畅和参赛队员的人身安全。

7.3　赛前

7.3.1　每场比赛前40 min到达工作岗位，了解滑冰设备的性能，加强与其他赛道裁判员的沟通，统一操作手势，达成共识。

7.3.2　按要求将有关裁判员送达工作岗位并及时检查比赛场地的冰面和赛道布置等，尽快排除障碍。

7.4　赛中

7.4.1　1号赛道裁判员位置在起点发令台一侧，距起点线约50m。2号赛道裁判员位置在起点发令台对面，距起点线约60~70m处（处于待命状态负责拦截召回）。

7.4.2　听到发令员“滑”的信号时，及时启动秒表（作为终点备份秒表）。如起点发出抢航召回信号时，处于待命的2号赛道裁判员负责拦截召回。

7.4.3　冰上龙舟正常出发后，2名赛道裁判员应依次交替在冰上龙舟后面60m尾随，观察比赛中冰上龙舟的行驶线路和有无犯规现象，对可能发生的犯规及时予以警告并令其保持正确航向，如发生犯规，则立即判罚。

7.4.4　冰上龙舟正常通过终点后，赛道裁判员举白旗示意终点，并指挥所有通过终点的冰上龙舟继续按本赛道方向缓冲滑行至停止。如有犯规情况，则举红旗，填写“赛道裁判报告单”，画出犯规地点及情况示意图，签署意见后交总裁判长处理。如终点举红旗示意需要备份秒表时，赛道裁判员应立即靠近终点，与终点裁判员交换秒表。

7.4.5　在比赛中出现冰上龙舟相撞、翻船等严重犯规现象时，首先对翻落的运动员进行快速救助，再严格按规则、规程妥善处理。复赛以上的赛次，如比赛未过半程时出现此类严重犯规现象，并造成多条冰上龙舟受到影响，可报告总裁判长同意后中止该组比赛，对该组冰上龙舟实施拦截、召回，重新组织比赛；如比赛已过半程并接近终点时则不宜采用“中止比赛”。

7.4.6　比赛中，每组可以有一名赛道裁判员在赛道中跟进，操作方法：1号赛道裁判员停靠发令台附近，协助起点发令、计时。2号赛道裁判员在赛程中段待命。当冰上龙舟正常出发并通过1号赛道裁判员位置时，1号赛道裁判员开始跟进，与冰上龙舟保持60m以上的距离；当冰上龙舟通过2号赛道裁判员位置时，换由2号赛道裁判员继续跟进，1号赛道裁判员则返回起点附近的位置；当冰上龙舟全部通过终点时，2号赛道裁判员与终点裁判员联系并指挥冰上龙舟从附赛道返回，工作完成即返回至赛程中段待命位置，继续做好下一组的准备工作。

7.5　赛后

召集本组裁判员总结，交还裁判工作器材。

第8条　终点

8.1　编制

裁判长1~2人，裁判员7~12人。

8.2　任务

制定工作应急预案。在比赛中观察和记录每条冰上龙舟通过终点的先后顺序，审核名次和成绩。在无法明确判定名次时，以终点摄像为最终裁定的依据。终点摄像的资料，在大会闭幕前，除终点裁判长外，其他人员需查看时必须经总裁判长批准。

8.3　赛前

8.3.1　熟悉秒表性能，统一名次判定和人工计时的操作方法（用拇指关节控制秒表按钮）。开表时要整齐一致。

8.3.2　每场比赛前30 min到达工作岗位，布置场地，检查器材，准备好比赛用具，并填写好相关记录表格。

8.3.3　了解起点发令程序、口令及发令信号，并主动与起点联系试发令若干次。

8.4　赛中

8.4.1　每组比赛听到起点“滑”的信号时开表，并迅速检查秒表启动情况，如有异常应迅速报告终点裁判长。

8.4.2　比赛冰上龙舟距终点100m时，应做好判名次和计时的准备。当所有冰上龙舟通过终点时，必须准确记录该组各参赛队的名次和计时成绩（保留百分之一秒），并填写成绩报告单。如遇计时成绩和名次不一致时，以终点名次为准。

8.4.3　冰上龙舟通过终点时，终点裁判员应依次鸣笛示意。每组比赛结束后终点裁判长未下达“回表”口令，计时员不得擅自回表。

8.4.4　起点已正常发令而终点未收到信号，可启用备份秒表。

8.4.4.1　如未收到起点发令信号，属短暂与起点失去联系，经再次呼叫畅通后，迅速启用起点备份秒表，采用虚拟发令的办法进行补救，即终点计时员听到虚拟发令口令开动秒表，同时起点备份秒表暂停，起点裁判长告知终点裁判长起点备份秒表的读数。当该组比赛的冰上龙舟分别到达终点线时，各赛道终点计时员则分别停表，将起点备份秒表读数加上终点各赛道计时的成绩，即为该组各赛道冰上龙舟的比赛成绩。如果冰上龙舟出发后已过半程，则不宜采用。

8.4.4.2　若通信信号中断，无法启用起点备份秒表，可启用赛道裁判备份秒表，即该组冰上龙舟到达终点时，终点计时员依次开动秒表，在赛道裁判秒表送达终点后，终点计时员和赛道裁判听从统一口令停表，将赛道裁判秒表的读数减去终点计时员分表读数，即为该组各赛道冰上龙舟实际比赛成绩。

8.5　赛后

召集本组裁判员总结，交还裁判工作器材和原始成绩记录资料。

第 9 条　宣告员

9.1　编制

1~3 人。

9.2　任务

制定工作应急方案。了解中国龙舟发展的历史及现状，熟悉规则、规程，掌握所有参赛队的基本情况，做好广播宣告及协调曲目播放工作，负责解说或根据需要主持开、闭幕式和颁奖仪式。

9.3　赛前

检查工作岗位，熟悉播音器材，参加各种会议，走访运动队，收集各参赛队相关资料。

9.4　赛中

合理使用对讲机，每组比赛的前后保持与各裁判长的联系。生动介绍赛况，协助大会维持赛场秩序，播报有关通知和相关信息。

9.5　赛后

总结工作，交还宣告工作器材和相关资料。

9.6　有条件的赛区可成立体育展示团队，体育展示团队应由礼宾团队、音频团队、视频团队、表演团队等多个团队组成，对赛事开闭幕式、串场演出、颁奖环节、音频视频输出等工作进行系统化、专业化的设计和编排，以呈现出更好的赛事宣传效果。

第三篇
中国龙舟拔河竞赛规则与裁判法
（试行版）

目录 CONTENTS

第一部分
中国龙舟拔河竞赛规则

第一章　总　则

第 1 条　定义

龙舟拔河是指在静水水域中，比赛双方以龙舟和连接两条龙舟的绳索为主要器材，以划手划桨为动力，将对方拉至相应标记线的水上角力运动。

第 2 条　竞赛形式

2.1　同向拔河

2.2　反向拔河

第 3 条　竞赛类别

3.1　中国龙舟拔河公开赛

3.2　全国龙舟拔河邀请赛

3.3　其他赛事

第 4 条　竞赛组别

4.1　公开组：运动员无年龄、无性别限制。

4.2　男子组：运动员必须是男性，无年龄限制。

4.3　女子组：运动员必须是女性，无年龄限制。

4.4　混合组：运动员性别受限，无年龄限制。

4.4.1　22 人龙舟最少 8 名、最多 10 名同性别划手参赛。

4.4.2　12 人龙舟最少 4 名、最多 5 名同性别划手参赛。

4.4.3　5 人龙舟最少 1 名、最多 2 名同性别划手参赛。

4.4.4　混合组鼓手、舵手无性别限制。

4.5　青年组：除非竞赛规程另有规定，运动员年龄为当年 12 月 31 日前满 18 周岁但不超过 23 周岁。

青年组可以设公开组、男子组、女子组和混合组。

4.6　少年组：除非竞赛规程另有规定，运动员年龄为当年 12 月 31 日前满 12 周岁但不超过 18 周岁。

4.6.1　少年甲组：运动员年龄为当年 12 月 31 日前满 12 周岁但不超过 18 周岁。

4.6.2　少年乙组：运动员年龄为当年 12 月 31 日前满 12 周岁但不超过 16 周岁。

4.6.3　任何生日在 1 月 1 日当天或之后的 16 岁或 18 岁运动员在当年仍可作为 15 岁或 17 岁运动员参赛（除舵手外）。

4.6.4　少年组可以设公开组、男子组、女子组和混合组。

第 5 条　规则适用范围

本规则适用于国内举办的各级各类龙舟拔河竞赛。

第二章　比赛场地、设施与器材

第 6 条　场地设施

6.1　同向拔河。（图 1）

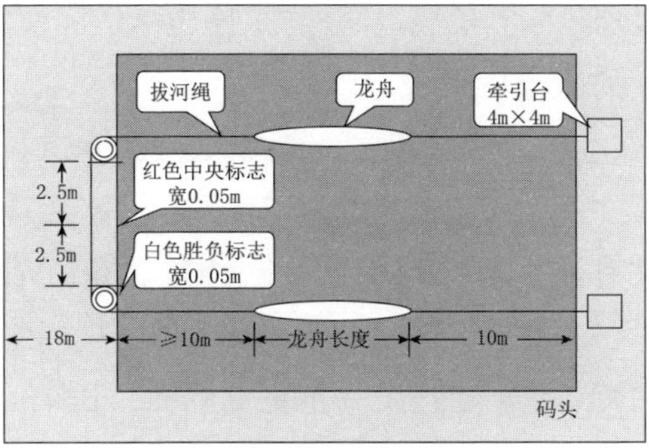

图 1　同向拔河场地示意图

6.1.1　在岸边地面设置两个能足够承受龙舟拉力，直径不小于 0.4m 的滑轮，滑轮圆心间距不小于 5.4m，滑轮距水面高度不超过 0.5m。

6.1.2　在两个滑轮之间居中位置的地面上，设一条宽 0.05m，长 1m 的红色中央标志线，在红色中央标志线两侧 2.5m 处各设一条宽 0.05m，长 1m 的白色胜负标志线。

6.2　反向拔河。（图 2）

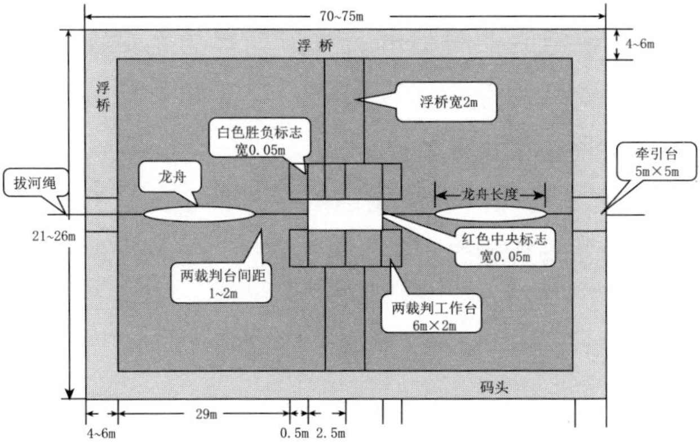

图 2　反向拔河场地示意图

6.2.1　场地为“长方”形，外长 70～75m，宽 21～26m，四周设 4～6m 的宽浮桥平台。

6.2.2　在场地中央，设置一条宽 1～2m 赛道，两侧各设置一个长 6～8m、宽 2～2.5m 的裁判工作平台。平台应牢固，不受风浪影响，并有浮桥与裁判工作平台相连。在两个裁判工作平台的中央各设一条宽 0.05m、长 1m 的红色中央标志线，在红色中央标志线两侧 2.5m 处各设一条宽 0.05m、长 1m 的白色胜负标志线。

6.2.3　在赛道两端延长线与浮桥交接处，各设 5m×5m 的牵引区域平台，牵引平台应结构牢固，不受风浪影响，牵引平台要有明显标识。

6.2.4　根据参赛队数可设置同等规格多个场地，位置定于观龙台前及左右。

6.2.5　浮桥两边长设 4 个登舟平台。

第 7 条　比赛器材

7.1　承办方应提供竞赛龙舟。竞赛龙舟及桨舵等必须符合中国龙舟协会审定的器材标准。拔河竞赛的龙舟在强度上必须要有抗拉性。拔河龙舟前、后端须按竞赛要求安装可提供装卸的牵引绳、拔河绳等固定装置。

7.2　拔河龙舟规格应使用国家标准的 22 人（23 人）龙舟（图 3）、12 人龙舟或迷你（5 人）龙舟。

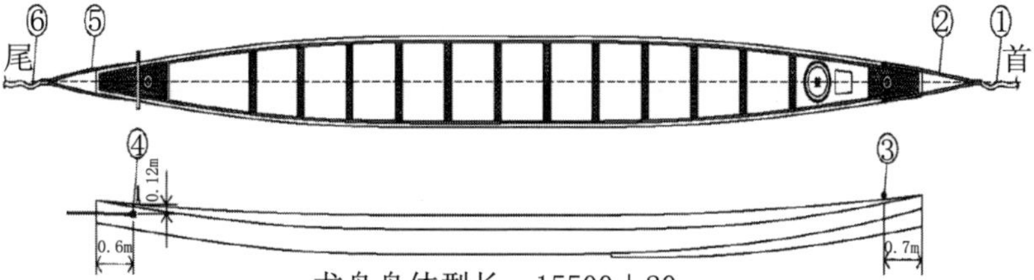

龙舟舟体型长：15500±20mm
型宽：1100±10mm

图 3　22 人（23 人）龙舟示意图

注示意图中符号表示：

①安置高强度尼龙纤维绳当作牵引绳处。

②安置高强度纤维绳（4m）在龙舟与牵引绳连接处。

③安置绳索牵引眼环及卸扣处。

④安置绳索牵引挂钩及卸扣处。

⑤安置高强度纤维绳（4m）在龙舟与牵引绳连接处。

⑥安置高强度尼龙纤维绳当作拔河绳处。

7.3　用于拔河竞赛龙舟的要求

7.3.1　用于拔河竞赛的龙舟须装有固定的牵引装置，保证承受相应的比赛拉力。

7.3.2　用于拔河竞赛的龙舟舟体强度要求为拉伸强度≥$100N/mm^2$，弯曲强度≥$150N/mm^2$。

7.3.3　牵引装置的挂钩距满载状态舟体的吃水≥200mm，单根牵引绳索可承受≥20KN 的破断负荷。

7.4　同向拔河赛中，两条拔河龙舟龙尾系（挂）拔河绳应长 20～30m，直径为 0.03～0.04m。在拔河绳上中间处系（挂）上宽 0.05m 的中央红色标志带。对应在裁判平台上中央及其两侧 2.5m 处各画上宽 0.05m 的白色胜负标志线。

7.5　反向拔河赛中，两条拔河龙舟龙尾系（挂）拔河绳应长 10m，直径为 0.03~0.04m。龙头牵引绳应长 20m，直径为 0.03~0.04m。在拔河绳上中间处系（挂）上宽 0.05m 的中央红色标志带。对应在裁判平台上中央及其两侧 2.5m 处各画上宽 0.05m 的白色胜负标志线。

7.6　拔河龙舟龙尾应悬挂有参赛队的小队旗。

第 8 条　设备与用具

见附件。

第三章　运动员

第 9 条　参赛人数

9.1　22 人龙舟拔河竞赛，每队运动员不超过 27 人，其中划手 20 人，鼓手、舵手、牵引员各 1 人，替补队员 4 人。

9.2　12 人龙舟拔河竞赛，每队运动员不超过 15 人，其中划手 10 人，鼓手、舵手、牵引员各 1 人，替补队员 2 人。

9.3　5 人龙舟拔河竞赛，每队运动员不超过 7 人，其中划手 4 人，舵手、牵引员各 1 人，替补队员 1 人。

9.4　参赛减员

检录时，教练员声明减员，经检录裁判长同意，该队本场比赛可减员参赛，减员仅限于划手，但不包括混合组对同一性别运动员的最低限制，否则该队不得参加比赛。

减员限制：

· 22 人龙舟拔河竞赛每队划手不得少于 18 人。

· 12 人龙舟拔河竞赛每队划手不得少于 8 人。

· 5 人龙舟拔河竞赛每队划手不得少于 3 人。

9.5　各参赛队必须设队长 1 人，比赛时佩戴大会统一提供的队长标志。

9.6　参赛运动员的资格在登舟后即为确定，不得替换。

9.7　各参赛队必须设牵引员 1 人，体重应在 75kg 以下，并于检录时统一称重测量，比赛时佩戴大会统一提供的牵引员标志。

第 10 条　服装要求

10.1　比赛时同队运动员的服装、服饰必须一致。

10.2　除非天气和安全原因，运动队在比赛服外不得加穿任何衣物。

10.3　大会为各队运动员提供参赛号码布，运动员须按报名登记表登记的上场号码将号码布佩戴在上衣背后。

10.4　除非大会另有规定，在综合性运动会比赛中，运动员不得穿着未经主办单位批准的带有赞助广告的比赛服参赛，也不得在用来参赛的划桨上带有赞助厂商的广告。

10.5　头饰

运动员被允许穿戴下列头饰：遮阳类的帽子和头巾。这些头饰的颜色须应与运动服装同一色系，且须统一。帽子和头巾的图案应符合国家相关要求。

允许佩戴有宗教或文化元素的少数民族的缠头巾或类似饰物参赛。

10.6　救生衣

比赛时，原则上要求队员着救生衣参加比赛。除特殊情况（天气原因、水域原因等），若领队、教练员、队长在签署安全责任书时，明确签署该队全体运动员统一不穿救生衣参赛，该队方可不穿救生衣参赛。青少年组及涉及青少年的比赛，任何情况下运动员均须穿救生衣参赛，否则将不予登舟。

10.7　牵引员的要求。

10.7.1　牵引员的服装应与参赛队服装保持一致。

10.7.2　牵引员允许使用树脂黏胶手套来协助握绳。树脂黏胶手套只能在主办单位同意并在裁判员指导下使用。

10.7.3　牵引员的比赛鞋应为普通运动鞋，不可以加工改装，原则上重量不超过1kg。鞋底、鞋跟、鞋边须齐平，不允许有金属钉或金属片。鞋底和鞋跟不可有鞋底钉、突出的钉爪或视为对竞赛起到有利作用的物品。

第四章　裁判员

第11条　裁判员等级制度及管理

按照最新版《中国龙舟竞赛规则与裁判法》相关内容执行。

第12条　裁判组组成及职责

12.1　裁判组由总裁判长、副总裁判长、编排裁判长、检录裁判长、器材裁判长、执行裁判长、计时裁判长、宣告员组成。

12.2　裁判组职责。

12.2.1　按规则、规程组织比赛。

12.2.2　负责比赛中有关裁判执裁的工作。

12.2.3　处罚违反竞赛规则、规程的行为。

12.2.4　遇特殊情况，在保证比赛公正、公平、公开的前提下，由总裁判长就临场出现的问题作出解释和处置。

12.2.5　如遇突发情况或天气原因需中断或终止比赛时，由总裁判长向技术代表提交延期或取消比赛的报告。

第五章　竞赛通则

第13条　检录

13.1　赛前各参赛队必须提前30 min到达检录处接受检录，参加该组比赛场地抽签，接受裁判员点名、资格验证和服装检查。超过检录时间15 min未到达检录区的赛队，按自动弃权处理。

13.2　检录时，教练员声明减员，按规则“9.4参赛减员”条款执行。凡违反规定经警告不服从者，取消该队比赛资格。

13.3　每场比赛中，局与局之间不允许换人。

第14条　器材

14.1　参赛队必须按裁判指令列队进入赛场，有序登舟。凡违反规定经警告不服从者，取消其比赛资格。

14.2　登舟时，运动员按规定着救生衣，可携带坐垫（坐垫厚度在指压下不得超过15mm），不得携带可改变舟体摩擦力的涂抹物质、动力器材和通信设备等影响公平竞赛的物品。凡违反规定经警告不服从者，取消其比赛资格。

14.3　携带未经裁判员检验合格的划桨登舟，经警告不服从者，取消其比赛资格。

14.4　参赛队最多可携带4把备用桨登舟。

14.5　比赛结束后，在裁判员指令下划回指定位置，接受裁判员检查。未经同意不得上岸。经裁判员检查完毕，参赛队有序下舟并交还竞赛器材，列队离开赛场返回休息区域视为完成比赛，凡违反规定经警告不服从者，取消其比赛资格。

第 15 条　竞赛

15.1　参赛队登舟后，在执行裁判员的指挥下将龙舟划向赛道，检查好竞赛器材后，迅速调整好龙舟位置，并确保龙舟处于静止状态。牵引员不登舟，应在牵引台区域准备牵引本队龙舟等工作。

15.2　每场比赛只允许各参赛队派 1 名人员（教练或随队人员）携带参赛证件站在指定区域进行场内指导。裁判员有权对越界指导人员进行场地驱离，并取消该队后续比赛场内指导资格。

15.3　发令程序。

15.3.1　赛前 3 min 各参赛队根据执行裁判长的指令进入比赛指定位置。

15.3.2　赛前 2 min 进行点名，此时未进入比赛指定位置的队，将被黄牌警告。

15.3.3　赛前 1 min 开始取齐，执行裁判员调整红色中央胜负标志带，拉紧牵引绳，使拔河绳处于紧绷状态。发令员择机发令。

15.3.4　各参赛队准备就绪后，发令员开始发令。发令员的口令为："双方准备—划"。

15.3.5　"双方准备"至"划"的间隔时间不超过 5 s。

15.3.6　当发令员发出"赛前 1 min 开始取齐"口令时，未准备好的赛队，鼓手应举手示意。

15.3.7　当发令员发出"双方准备"的口令时，所有划桨必须处于静止状态。

15.3.8　发令员正常发令后，各参赛队不论何种原因延误划桨的，责任自负。

15.4　除非规程另有规定，每场比赛采用3局2胜制，每局限时1 min。每场比赛先胜两局的队为该场比赛的获胜者。比赛必须采用坐姿。

15.5　每场竞赛开始前，参赛队伍双方在检录处抽签决定拔河场地，并在第一局结束后两队互换场地。如果须进行第三局，则在双方队长的监督下，由执行裁判长掷硬币决定两队拔河场地。

15.6　处罚规定

15.6.1　抢航犯规：在发出“双方准备”口令后，凡划桨划水或击鼓、吹哨、呼喊或牵引员发力拉动牵引绳等方式影响起航的赛队，均被判抢航犯规。每局比赛，组织发令的次数不得超过2次。

若发生抢航犯规，执行裁判员应连续“鸣笛”以示抢航犯规，各队应立即停桨，保证龙舟安全，并由执行裁判长召集双方重新组织发令及竞赛。

15.6.2　牵引员犯规：比赛时牵引员必须始终在牵引区内牵拉，不许将牵引绳缠绕在身上，不许反向牵绳，不许绳索打结，不许借助浮桥等设备固定绳索，否则均被判牵引员犯规，将被黄牌警告。

15.6.3　遇下列情况之一者，取消该局比赛资格，直接判负：

· 同局比赛过程中第2次受到黄牌警告的队伍。

· 一次黄牌警告又抢航的队伍。

·同局比赛过程中第 2 次发令抢航的队伍。

·牵引员或舟上有运动员落水的队伍。

·发生抢航后拒绝重新参加比赛的队伍。

·舵手在比赛过程中将舵桨顶住裁判台或借力以取得有利因素的队伍。

·正常情况下，比赛中鼓手或舵手以任何方式划水的队伍。

·正常情况下，比赛中出现未击鼓超过 5 s 的队伍。

·正常情况下，比赛中出现舟舱进满水的队伍。

15.7　竞赛胜负。

15.7.1　在规定的比赛时间内，将红色中央胜负标志带拉至本方白色胜负标志线的队伍该局获胜。

15.7.2　在规定的比赛时间内，任何队伍均未将红色中央胜负标志带拉至本方白色胜负标志线，将以红色中央胜负标志带更靠近本方白色胜负标志线的队伍该局获胜。

15.7.3　每场比赛先达到获胜局数的队为该场比赛的获胜者。

15.8　比赛中若发生器材损坏或失落，比赛继续进行。

第 16 条　仲裁委员会

按照最新版《中国龙舟竞赛规则与裁判法》相关内容执行。

第 17 条　抗议、申诉

17.1　若对裁判员人选的组成或对其他参赛队运动员参赛资格有疑义，各参赛队必须在领队、教练员、裁判长联席会议上或赛前 12 h，由领队向仲裁委员会提交书面抗议。如有相关选派人员、参赛资格等公示文件，应以公示文件所提及的申诉时间和申诉方式进行实名制申诉。

17.2　若对比赛中裁判员的判决不服，参赛队必须在成绩公告后 30 min 内由领队以书面形式向仲裁委员会提出申诉。超过申诉规定时限，仲裁委员会不予受理。

17.3　各参赛队在提交书面抗议、申诉的同时须交纳 5000 元人民币的抗议、申诉金。若胜诉，抗议、申诉费全额退还。

17.4　仲裁委员会在受理抗议、申诉和费用后，在 30 min 内进行调查取证，召开仲裁会议，按照《仲裁委员会条例》中的相关规定及时作出裁决，不得影响比赛和颁奖。

17.5　仲裁委员会在调查取证后作出的决定即为最终裁决并立即生效。同时，将裁决书面材料报大会组委会备案。

17.6　仲裁委员会是临时机构，比赛期间执行任务，岗位设在检录或计时区域，并应挂有明显标识，比赛结束自行撤销。

第 18 条　技术代表

18.1　负责赛事的竞赛组织工作，监督赛事按规则、规程的要求进行。

18.2　与组委会配合，共同保证所有技术性安排均符合赛事要求。

18.3　严格按竞赛规则、规程的规定审核编排、竞赛日程、比赛器材、场地布置、比赛成绩。

18.4　主持技术会议，并向技术官员、参赛队伍详细介绍赛事工作情况。

18.5　如需要，向有关部门提交比赛准备情况的书面报告。

第六章　水上安全条例

按照最新版《中国龙舟竞赛规则与裁判法》相关内容执行。

第七章　赛事规程

第 19 条　奖励

按照最新版《中国龙舟竞赛规则与裁判法》相关内容执行。

第 20 条　赛场平面示意图

绘制赛场平面示意图，并有如下标注。

20.1　赛场方向，赛场区域及宽度。

20.2　浮桥及宽度、牵引平台及宽度。

20.3　比赛胜负标志线、连接线、牵引线的位置。

20.4　观龙台、裁判工作台的位置。

20.5　各参赛队休息区域、运动员准备活动区域、候检区域、检录区域、登舟平台、竞赛指导区域的位置。

20.6　成绩公告区域、医疗及救生服务站、嘉宾及观众区域、公共卫生间设施位置。

20.7　如需在赛场颁奖，还应标明颁奖等候区和颁奖区。

第 21 条　参赛费用

比赛若收取竞赛服务费、住宿费、餐饮费、交通费等费用，须在竞赛规程、邀请函或赛事接待安排等文件资料中提前详细说明。

第 22 条　竞赛规则、条例、规程的关系

竞赛条例是与竞赛相关的规范条例，适用于各类别龙舟赛事；竞赛规则是规范比赛的行为准则，是竞赛中执法的依据；

竞赛规程是竞赛条例、竞赛规则中未涉及内容的补充，只适应于一次赛事或一次系列赛事。竞赛条例、竞赛规则具有相对长的周期性和普遍的适应性；竞赛规程则只对某一次赛事或某一次系列赛事有效。竞赛条例、竞赛规则、竞争规程三者均是技术、行政性赛事指令性文件。

第 23 条　编排原则

23.1　秉持公平、公正、公开的原则对待各参赛队所享有的编入竞赛各轮次组别的权利。

23.2　预赛采用抽签的方法进行分组，尽可能避免同一地区（或单位）分在同一小组内。

23.3　充分考虑各参赛队局之间的调整时间以及场次之间的休息时间。

23.4　比赛中每局比赛间应有 5 min 的调整时间，此段时间用于比赛双方交换场地、进行短暂技术指导及状态调整。

23.5　每参赛队竞赛场次之间应有至少 15 min 的休息时间，此段时间开始于该队伍离开比赛场地，结束于该队伍进入登舟平台。

23.6　每场比赛间应有不少于 10 min 的换场时间。

23.7　如参赛队兼项（混合组）比赛，竞赛编排将不能确保其享有上述休息时间。

第 24 条　编排方法

24.1　参赛队伍为 6 队及以下时，将采取单循环赛制。

24.2　参赛队伍为 6 队及以上时。

24.2.1　可采取单循环赛制。

24.2.2　可分为两个阶段进行。第一阶段采取分组单循环赛制，录取小组优胜的队伍参加第二阶段比赛。第二阶段采取交叉淘汰赛制，直至决出名次。

24.2.3　直接进行单败淘汰赛制。

·按照对阵表直接进行抽签进相应位置。

·可根据参赛队伍数量、水平等因素设置种子队，并按照对阵表将种子队先行排序后，再进行抽签。

·抽签工作至少应在比赛开始 30 min 前完成并进行公示。

24.3　单循环赛制

24.3.1　采用“贝格尔编排法”。

24.3.2　计分方式：当比赛结果为 2:0 时，胜者积 4 分，败者积 1 分。当比赛结果为 2:1 时，胜者积 3 分，败者积 2 分。弃权或因犯规等原因判负的队伍均积 0 分，该场比赛均按照 2:0 计，胜者积 4 分，局用时均按 1 秒计。

24.3.3　名次排列：胜场场次多者名次列前。胜场场次相同时，积分多者列前。胜场场次、积分均相同时，则以胜负局数比高者列前。

·如以上均相同，且只有两支队伍相同时，则以他们相互之间比赛的结果来确定名次，胜者列前。

·如以上均相同，且多于两支队伍相同时，则以取胜用时少者名次列前。

·如以上方式还不能判定名次，则用抽签来决定最终的名次。抽签办法应由技术代表在技术会议时作为预案征得各参赛队同意后确定。

24.4　对阵表（图 4）

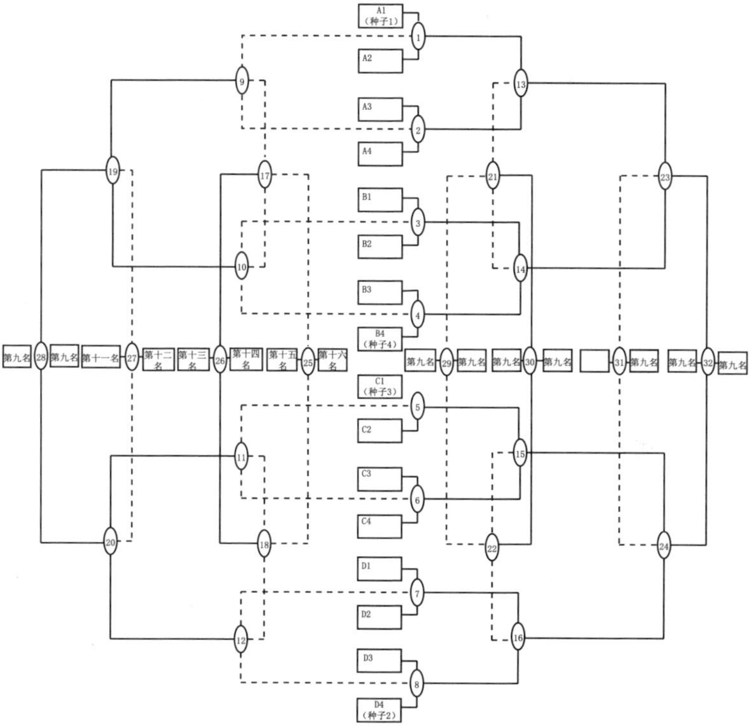

图 4　对阵表

第 25 条　龙舟拔河竞赛旗式

龙舟拔河竞赛时，执行裁判长应手持黄色旗子指挥竞赛（图 5）。

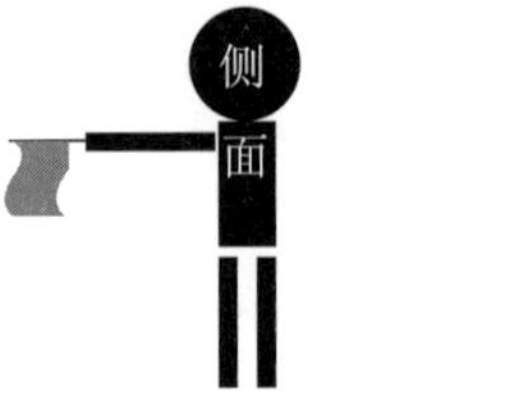

比赛准备：手臂前平举

比赛开始：手臂上举

比赛过程：手臂平举
指向领先一方

比赛结束：手臂斜上举
（45°）指向胜方

图 5　龙舟拔河比赛旗式

第 26 条　其他

龙舟拔河规则中未涉及的内容均以最新版《中国龙舟竞赛规则与裁判法》为准。

第二部分
龙舟拔河竞赛裁判法

裁判员是竞赛工作的执行者，同时也是掌握规则、规程，使比赛有序进行的执法者。因此，熟练地掌握和运用裁判工作方法是裁判员在比赛执裁中所必备的基本条件。裁判员在比赛的执裁过程中要遵守《裁判员守则》和《龙舟裁判员技术等级认证和裁判员管理实施细则》，弘扬龙舟精神，严肃认真、公正准确、谦虚谨慎、团结协作。

除龙舟拔河规则中附件所列表格外，龙舟拔河比赛使用的表格参见最新版《中国龙舟竞赛规则与裁判法》附件。

第 1 条　技术代表

1.1　编制

技术代表 1 人。

1.2　赛前

1.2.1　考察场地、制定赛事竞赛方案，提供竞赛需求清单，协调、指导、监督竞赛工作。

1.2.2　检查验收场地、赛道、竞赛功能用房、竞赛器材、裁判器材等竞赛设施器材。

1.2.3　对竞赛辅助人员、志愿者等进行培训。

1.2.4　审核大会日程、竞赛日程、竞赛方法、成绩统计系统、赛前训练计划。

1.2.5　主持技术性会议。

1.3　赛中

工作岗位设在观龙台，根据实际情况解决赛事中所有技术问题并指导、监督总裁判长工作。

1.4　赛后

做好竞赛总结的审核工作。

第2条　总裁判长

2.1　编制

总裁判长1人，副总裁判长1~3人。

2.2　赛前

2.2.1　按程序提供选调裁判人员的计划和要求。

2.2.2　根据比赛规模，结合赛场实际条件，按照技术代表的要求做好落实场地、裁判工作器材、编排、赛前训练等工作。

2.2.3　制定裁判工作手册，对裁判长、裁判员进行分工，组织学习竞赛规则和裁判法，安排赛前实习。

2.2.4　参加组委会和技术会，向参赛队提供书面赛事说明，并指定人员主持技术会分组抽签等工作。

2.3　赛中

2.3.1　在大会竞赛部门的领导下全面负责竞赛裁判工作。领导全体裁判人员组织实施比赛，确保赛事按竞赛日程进行，就比赛中出现的问题在详细了解情况后做出裁决。

2.3.2　就仲裁委员会的质疑做出准确回复。

2.3.3　有权停止对犯有严重错误的裁判长、裁判员的执裁工作，并在事后向竞赛组织委员会做出书面报告。

2.3.4　对规则、规程未尽事宜须事先向技术代表提供书面请示报告后再作出妥善处理。

2.3.5　总裁判长工作岗位设在观龙台，核实所有比赛成绩并签名，与各裁判工作岗位保持联系，全面掌握赛事进程，解决比赛中的疑难问题，如遇争议应及时向技术代表和仲裁委员会提交现场资料。

2.3.6　每个单元比赛结束，督促各裁判组现场小结，提出改进意见。

2.4　赛后

2.4.1　颁奖前，宣布比赛成绩。

2.4.2　督促各裁判组交还器材。

2.4.3　比赛结束后，写出裁判工作总结。

2.4.4　对所有裁判员的工作表现予以客观评价，并在裁判证上签名确认。

2.5　副总裁判长

协助总裁判长工作，负责裁判员管理、对外联络等工作，并分工明确。根据比赛需要负责 1~2 个裁判组的具体工作。当总裁判长因故缺席时，由第一副总裁判长代理其工作。

第 3 条　编排

3.1　编制

裁判长 1~2 人，裁判员 4~6 人。

3.2　任务

制定工作应急预案，能够熟练操作电脑，精通编排方法。

3.3　赛前

3.3.1　协助总裁判长制定裁判员学习、实习计划，并准备相关学习资料。

3.3.2　熟悉竞赛规程，了解赛场、器材以及参赛报名等情况，收集有关竞赛方面的信息（报名表、运动员照片等），制作运动员检录卡、各种比赛表格，准备抽签用具。

3.3.3　提供制作秩序册所需的相关材料，根据大会要求，编排竞赛日程和竞赛秩序单，确定比赛场次。

3.3.4　参加联席会，负责领队、教练员签到和各队签署安全责任书，记录分组抽签工作。

3.3.5　分组抽签的顺序为：如设种子队，先将其均匀抽入对阵位；同地区或同单位的队分别抽入不同的对阵区位，其他队依次抽签进入。缺席的队由指定人员（裁判员）代抽，并将抽签结果打印后分发给各参赛队。

3.3.6　每场比赛前，将检录卡交检录组，将该场比赛的竞赛秩序单交给各裁判组。

3.4　赛中

3.4.1　工作岗位一般设在观龙台附近，便于在尽可能短的时间内做好成绩记录和编排下一赛次秩序工作。

3.4.2　及时打印每一组比赛的成绩公告单，送交总裁判长审核签字后，一式三份（一份张贴，一份交宣告员，一份存档），进行成绩公告等工作。

3.4.3　采用电脑、手工两种操作方法，尽快编排下一赛次的秩序，核实无误后，迅速、适时地通报给各裁判组。

3.5　赛后

3.5.1　比赛结束后，迅速向总裁判长提供获奖名单。

3.5.2　制作成绩册，上报总裁判长审核无误后及时分发给各参赛队伍。

3.5.3　召集本组裁判员总结，交还裁判工作器材，整理好所有文件、资料并移交给大会竞赛部门。

第4条　检录

4.1　编制

裁判长1~5人，裁判员7~15人。

4.2　任务

制定工作应急预案。严格按竞赛日程要求开展工作，确保参赛队检录—登舟—比赛—离舟返回等过程的流畅性。熟悉场地抽签的方法，运用规范的检录语言，有效使用对讲机。

4.3　赛前

4.3.1　熟悉竞赛规程、竞赛日程及参赛队伍及工作场地区域分布等情况，掌握运动员休息区域，确定比赛的检录区和候检区，制定运动员登、离舟的路线。

4.3.2　每场比赛前40 min到达赛场，与编排组联系领取运动员检录卡和竞赛秩序单，布置检录处，准备好裁判工作器材。

4.3.3　每组比赛前30 min主持场地抽签。通知各队教练员到达检录处，语言要简练规范，并及时将场地抽签结果报送各裁判组。对各队牵引员进行体重测量。

4.3.4　每组比赛前20 min召集参赛队到达检录区，核对照片、身份，检查服装、救生衣、队长标志等，如有违规、少员或其他情况应及时通知总裁判长。

4.3.5　赛前10~15 min向参赛队说明出入登舟平台的方法和行驶路线等有关事项，适时引导各参赛队到登舟平台，与器材裁判组交接。

4.4　赛中

4.4.1　比赛开始后要掌握比赛进程，严格按时间要求有序组织每组比赛参赛队的检录，配合器材裁判组组织运动员登舟。

4.4.2　加强与编排组联系，尽快通知参加下一赛次参赛队的教练员到检录处进行场地抽签，适时将场地抽签结果通报各裁判组。

4.5　赛后

召集本组裁判员总结，交还裁判工作器材。

第5条　器材

5.1　编制

裁判长1~5人，裁判员7~15人。

5.2　任务

制定工作应急预案。根据浮桥、登舟平台的实际情况，掌握1~2种拴船的方法，将龙舟合理、有序摆放，便于参赛队安全有序登舟，确保龙舟出入流畅。原则上不允许运动员踩踏空龙舟上下船。在比赛过程中严格禁止调换龙舟和龙舟上的编号牌，龙舟编号与赛场编号一旦核对并安装到位，任何人不得擅自更换。启用备用龙舟必须请示总裁判长。

5.3　赛前

5.3.1　大会须根据场地情况提供2~3组比赛龙舟和2条备用龙舟，要准备一定数量的备用器材，如龙头、龙尾、桨、鼓、鼓架、鼓槌、水瓢（每条龙舟至少4只）、牵引绳、拔河绳、舵桨固定装置等，还需安排2名技术工人，负责现场器材维修工作。

5.3.2　器材裁判员到达赛区后，要了解比赛器材和设备的情况，检查登舟平台、浮桥、所有大会提供的器材、比赛龙舟及附属装置，并做好相应的标志。对龙舟进行检验，按重量和流线型将龙舟编号分组。

5.3.3　检验各参赛队自备划桨，检验合格后贴上防水标志，并在比赛过程中对各参赛队自备划桨进行随机抽查。

5.3.4　负责发放和回收大会提供的器材。对各队在训练及比赛中需使用的龙舟、舵桨、救生衣等器材，要办理借用手续。

5.3.5　每场比赛前 40 min 到达登舟平台，了解龙舟在登舟平台的停放情况。检查龙舟及附属装置和龙舟上的编号牌。准备工作就绪后，用对讲机通知其他裁判组。

5.3.6　协助检录裁判员清点人数（必要时可拍照留证），检查服装，指挥各参赛队登舟，有序离开登舟平台并做好赛前准备。

5.4　赛中

5.4.1　比赛中检查牵引员是否出现犯规情况，各队指导人员是否超过指导区域等情况。

5.4.2　每局比赛结束后，指挥各参赛队有序停靠登舟平台上岸，并注意清点运动员人数，检查龙舟和附属装置有无损坏，及时通知大会对损坏器材进行维修或补充，并指挥参赛队伍交换比赛场地或离舟返回休息区域。

5.4.3　保持与检录裁判组的联系和配合，及时掌握比赛进程，加强登舟平台、浮桥附近的管理，确保龙舟出入登舟平台安全、有序、流畅。

5.5　赛后

召集本组裁判员总结，将停靠在登舟平台的龙舟有序摆放，交还裁判工作器材。

第6条　执行

6.1　编制

裁判长1~3人，裁判员10~16人。

6.2　任务

制定工作应急预案，确保整个赛事的流畅。明确与计时裁判员的联系方式，统一取齐、发令尺度，保证赛场上所有参赛队均能清楚地听见发令信息，适时组织发令。根据比赛结果判定比赛胜负。

6.3　赛前

6.3.1　每场比赛前30 min到达工作岗位，检查场地的设备，熟悉器材，助理发令员用对讲机与计时联系，配合试发令若干次。

6.3.2　执行裁判长负责组织调整和确定胜负标志位置，取齐和发令。执行裁判员负责龙舟进入竞赛区域的调度，稳定好各龙舟的位置，并协助执行裁判长查看有无犯规现象，及时将信息反馈给执行裁判长。摄像员从该组龙舟取齐开始摄像至发令结束，摄录龙舟竞赛发令的全过程。

6.3.3　发令前须向各队说明发令的程序和节奏。

6.4　赛中

6.4.1　赛前3 min通知参赛队及时进入比赛指定位置。赛前2 min进行点名，核实赛队信息。赛前1 min开始取齐，此时要掌握好龙舟保持稳定状态。当所有龙舟稳定取齐后，发令员发出“双方准备”口令，待所有参赛队作出反应后缓慢放开拔河绳及中央胜负标志带，执行裁判员关注竞赛队伍动态。如执行裁判员发现某队抢航，应立即报告执行裁判长，由执行裁判长报告计时裁判长和总裁判长，并留好抢航的录像证据。

6.4.2　控制比赛时间节奏，对违规参赛队进行判罚。

6.4.3　使用对讲机发令时，要及时把发令三个时段的信息传送到计时，但不要长按对讲机送话按钮，以免影响赛场突发信息的及时对接。

6.4.4　判定每场（局）比赛的胜负，并在每局胜负已定或时间结束时鸣笛宣布本局比赛终止。

6.4.5　每场比赛出现第 3 局决赛时，执行裁判长应组织双方队长抽签（或掷硬币）挑边决定两队拔河场地等工作。

6.5　赛后

召集本组裁判员总结，交还裁判工作器材。

第 7 条　计时

7.1　编制

裁判长 1~3 人，裁判员 3~5 人。

7.2　任务

制定工作应急预案。在比赛中观察和记录每场比赛的胜负、比分、用时等，审核名次和成绩。计时摄像的资料，在大会闭幕前，除计时裁判长外，其他人员需查看时必须经总裁判长批准。

7.3　赛前

7.3.1　熟悉秒表性能，确定人工计时的操作方法（用拇指关节控制秒表按钮）。

7.3.2　每场比赛前 30 min 到达工作岗位，布置场地，检查器材，准备好比赛用具，并填写好相关记录表格。

7.3.3　了解执行发令程序、口令及发令信号，并主动与执行裁判员联系试发令若干次。

7.4 赛中

7.4.1 每组比赛听到“划”的信号时开表，并迅速检查秒表启动情况，如有异常应迅速报告计时裁判长。

7.4.2 根据执行裁判长的笛声和场内胜负情况进行记录，记录内容包括局分、每局用时等。

7.4.3 当比赛进行到50 s时提示执行裁判长，同时倒计时提示运动队，口令为：“9—8—7—6—5—4—3—2—1—时间到”。

7.4.4 指挥记录裁判员举牌示意比赛局数，并将记录比赛结果、比赛用时等情况通知编排裁判长。

7.5 赛后

召集本组裁判员总结，交还裁判工作器材和原始成绩记录资料。

第8条 宣告员

8.1 编制

1~3人。

8.2 任务

制定工作应急方案。了解中国龙舟发展的历史及现状，熟悉规则、规程，掌握所有参赛队的基本情况，做好广播宣告及协调曲目播放工作，负责解说或根据需要主持开、闭幕式和颁奖仪式。

8.3 赛前

检查工作岗位，熟悉播音器材，参加各种会议，走访运动队，收集各参赛队相关资料。

8.4　赛中

合理使用对讲机，每组比赛的前后保持与各裁判长的联系。生动介绍赛况，协助大会维持赛场秩序，播报有关通知和相关信息。

8.5　赛后

总结工作，交还宣告工作器材和相关资料。

附件

附件1：设备与用具一览表（参考）

内容	器材名称	型号	数量	备注
竞赛设备用品	拔河专用龙舟	标准	4+1=5条	按4队同时比赛配置
	备用划桨	标准	100把	按22人龙舟配置
	鼓、鼓槌、舵桨	标准	各5个（支）	按4队配置
	登舟平台标志牌	标准	4个	1m×0.6m，白底黑字，编号为1~4号
	龙舟上船号牌	标准	4个	0.45m×0.35m，字体高0.3m，宽0.25m，底色统一，与登舟平台号一致
	龙头、龙尾套绳	直径0.03~0.04m	长4m×10条	固定龙头、龙尾位置连接拔河绳和牵拉绳
	牵引队员拉绳	周长0.1~0.125m	长20m×4条	固定在龙头下牵引队员用
	两条龙舟间拔河绳	直径0.03~0.04m	长10m×2m	固定龙尾用于2条龙舟拔河
	拔河绳间活动装卸扣	高强度不锈钢	4×4=16个	连接龙舟拔河绳和牵拉绳
	活动钢丝扎头	高强度不锈钢	2个	连接牵拉绳
	胜负标志带	红缎子	长1.5m×2条	固定拔河绳中间
	重力锤陀	300 g	2个	固定拔河绳垂重
	水瓢	常用	16只以上	按4条龙舟配置

续表

内容	器材名称	型号	数量	备注
竞赛设备用品	救生圈、救生竿	专用	16个（支）	平台配置4个（支）
裁判设备与用具	对讲机	大功率	8台	技术代表、总裁判长、执行裁判、计时裁判、检录裁判、编排裁判、器材裁判、宣告员
	扩音设备	覆盖区域	2套	一套赛场区域，一套检录区域及运动员休息区，解说宣告员使用赛场音响设备
	手提扩音器	大功率	2只	一只比赛现场，一只检录区
	摄像机	回放功能	1台	辅助执行裁判长胜负记录
	磅秤	标准	1台	检录区用于牵引队员称重
	划桨卡模	标准	1个	验自带桨
	桨合格标志	标准	根据参赛队定	防水胶贴
	钢尺	20m	1个	
	大挂钟	标准	1个	检录区专用
	文具夹板	标准	10个	检录6个、计时、编排、宣告各1个
	汽笛	马拉松发令笛	2个	执行裁判长发令专用
	秒表	标准	1个	计时裁判专用

续表

内容	器材名称	型号	数量	备注
裁判设备与用具	局数提示牌	0.60m×0.40m	2套	提示牌内容：第一局、第二局、决胜局
	红、黄牌	0.20m×0.30m	2套	检录、执行裁判长各一套（带手柄）
	手持红黄旗	0.50m×0.50m	3套	执行裁判长、两个牵引裁判
	手持引导牌	1~4号	2套	检录专用
	抽签箱、乒乓球		箱1个	编排、检录共用，乒乓球10个
	队长标志	标准	参赛队数	检录分发
	牵引员标志	与队长颜色区分	参赛队数	检录分发
	竞赛编排工具	电脑、打印机	若干	配套打印纸、装订机、凤尾夹，编排专用
	裁判工作表格	按总裁判长要求	若干	编排制作
	成绩公告栏	2m×2m	1个	编排
	桌子、椅子		按实际配置	编排、检录、现场宣告播音
	裁判员服装		按人数装配	
	遮阳、防雨装备		按人数装配	

附件2：抽签表

第一轮分组抽签表

分区	序号	队名
上半区	A1	
	A2	
	B1	
	B2	
下半区	C1	
	C2	
	D1	
	D2	

附件3：第一阶段小组循环积分表

第一组（A组）

小组循环积分表

队名＼队名	A1	A2	A3	积分	名次
A1		: 时间	: 时间		
A2	: 时间		: 时间		
A3	: 时间	: 时间			

附件 4：小组循环名次表

小组循环名次表

A 组	A1	A2	A3	积分	胜局	名次	备注
A1	\						
A2		\					
A3			\				

附件 5：秩序单

秩序单

	年	月	日	星期	上（下）午				
场次	时间	船号	队名	船号	队名	局数	用时	得分	胜负

附件 6：分组成绩报告单

分场成绩报告表

场次	时间	船号	队名	船号	队名	局数	用时	得分	胜负

公告时间：　　编排裁判长签名：　　　　总裁判长签名：

注：此表为三线表。

附件7：总分表（按名次排序）

×××龙舟赛×××组拔河赛总分表

名次	队名	备注

注：此表为三线表。

第四篇
相关文件

目 录 CONTENTS

社体协会字〔2018〕68号

中国龙舟协会关于印发《龙舟裁判员技术等级认证和裁判员管理实施细则》的通知

各省、自治区、直辖市龙舟协会，各会员单位：

为更好地推动中国龙舟运动发展，完善裁判员队伍建设，加强裁判员队伍管理，规范裁判员行为，考核裁判员执裁水平，根据1年多来《龙舟裁判员管理实施细则（试行）》的实践运用，经广泛征求意见进行修改、完善，形成《龙舟裁判员技术等级认证和裁判员管理实施细则》。

现予以印发，请遵照实施。

中国龙舟协会

2018年3月2日

抄送：各省、自治区、直辖市体育局社体中心（体总秘书处，群体处，竞赛处）。

龙舟裁判员技术等级认证和裁判员管理实施细则

第一章　总　则

第一条　龙舟是中华民族传统体育项目。为提高现代龙舟运动竞技水平，打造一支有较高政治觉悟，良好职业道德，先进业务水平的龙舟裁判员队伍，确保龙舟竞赛公平、公正、有序进行，根据国家体育总局《体育竞赛裁判员管理办法》（2015年第21号令），并结合2016年8月1日颁布的《龙舟裁判员管理实施细则（试行）》实际执行情况，经过补充、修订，形成本实施细则，对龙舟竞赛裁判员资格认证、培训、考核、注册、选派、处罚等监督管理工作加以规范。

第二条　中国龙舟裁判员实行分级认证，分级注册，分级管理。

第三条　本实施细则适用于各级裁判员，包含由本协会和地方各级政府体育主管部门、同级龙舟协会管理的各级龙舟裁判员。

第四条　龙舟裁判员的技术等级分为国家级、一级、二级、三级。获得国际龙舟组织（国际龙舟联合会，以下简称：IDBF、亚洲龙舟联合会，以下简称：ADBF）裁判技术等级认证者，统称为国际级裁判员。

第五条　在中国龙舟协会注册的国际级、国家级裁判员均适用于本办法，其他各级别裁判员，必须服从地方各级体育主管部门、同级龙舟协会管理。

第二章　组织结构

第六条　中国龙舟协会负责国家级裁判员的资格认证、培训、考核、注册、选派、处罚等（以下简称：技术等级认证）监督管理工作，并指导地方协会进行一级及以下裁判员的技术等级认证监督管理工作。

第七条　各省、自治区、直辖市等体育主管部门，龙舟协会在与本细则不相冲突的条件下，可参照本细则制定相关规定，对其所属的裁判员（包括一级和一级以下裁判员）进行培训、考核及管理。

第八条　中国龙舟协会竞赛与裁判委员会负责裁判员技术等级认证的日常工作和国家级及以上竞赛的裁判员推荐选调工作。

第九条　各省、自治区、直辖市龙舟协会负责本地区龙舟一级裁判员的技术等级认证和管理工作，新晋一级裁判员须向中国龙舟协会备案；地市级协会负责二级裁判员的技术等级认证和管理工作；县级协会负责三级裁判员的技术等级认证和管理工作。

第十条　未成立省级龙舟协会的地区的裁判员技术等级认证与管理工作由本省体育主管部门负责管理和实施。其他未成立各级龙舟协会的地区的裁判员技术等级认证与管理工作由本地区体育主管部门负责管理和实施。行业体协负责本系统龙舟一级及以下裁判员的技术等级认证与管理工作，参照地方协会执行。

第三章　裁判员技术等级认证

第十一条　龙舟裁判员技术等级认证考核内容包括：理论部分（包括竞赛规则与裁判法，专项英语），实践部分（包括临场执裁考核、职业道德考察），体能测试部分（包括游泳、跑步）。

第十二条　三级裁判员技术等级认证标准：年满 18 周岁中国公民，具备高中以上学历（含同等学历），能够掌握和正确运用龙舟竞赛规则和裁判法，能承担区、县级龙舟竞赛的裁判工作，具备一定的组织、管理能力，经参加审批协会组织的培训并考核合格者，可申报三级裁判员。三级裁判员由区县协会审批发证。

第十三条　二级裁判员技术等级认证标准：熟悉龙舟竞赛规则和裁判法，遵守裁判员守则，具有一定的裁判工作经验，掌握基本编排方法，任龙舟三级裁判员满 1 年，并具备 2 次在县级及以上龙舟比赛中担任裁判工作经历，经参加审批协会组织的培训并考核合格者，可申报二级裁判员。二级裁判员由地市协会审批发证。

第十四条　一级裁判员技术等级认证标准：熟练掌握和准确运用龙舟竞赛规则和裁判法，遵守裁判员守则，具有一定的裁判理论知识、执裁经验和组织龙舟竞赛的能力，任龙舟二级裁判员满 2 年，具备 2 次担任省级以上龙舟比赛裁判员经历，或具备 3 次担任地、市级以上龙舟比赛执裁经历，经参加审批协会组织的培训并考核合格者，可申报一级裁判员。一级裁判员由省级协会审批发证。

第十五条　国家级裁判员技术等级认证标准：具有较高的裁判理论水平和裁判实践经验，能准确、熟练运用龙舟竞赛规则、裁判法和龙舟国际工作术语，具有竞赛组织能力，任龙舟一级裁判员满2年，具备3次全国性比赛裁判员或至少3次省级比赛裁判长以上职务工作经历，经中国龙舟协会组织的培训并考核合格者，可申报国家级裁判员。新晋国家级裁判员有3次国家级及以上赛事自愿实习经历并考察合格后由中国龙舟协会审批发证。第一次申报国家级裁判者，年龄必须满20周岁但不超过60周岁。

第十六条 国际级裁判员推荐标准：任国家级裁判员3年，至少6次担任全国龙舟比赛裁判员工作，在执裁经历、执裁能力方面表现优异，道德品德优秀并无重大失误记录，经中国龙舟协会竞赛与裁判委员会确认，由中国龙舟协会批准并向国际龙舟组织申报参加裁判员晋升考试。经国际龙舟组织考核通过并颁发证书的裁判员须到中国龙舟协会备案。

第十七条 各级裁判员技术等级认证的单位，申报与认证各级裁判员，必须遵守技术等级制度的规定，原则上各级政府体育主管部门或同级龙舟协会不得跨地区、跨部门认证裁判员。

第十八条 各级裁判员资格认证单位应当至少每两年举办一次裁判员技术等级认证培训考核。向合格者授予相应的裁判员技术等级称号。连续两年未组织考核工作的认证单位，可由上一级裁判员资格认证单位审批该级别裁判员。

第十九条 中国龙舟协会统一制作并发放各技术等级裁判员证书及其他标志。

第二十条 对各等级裁判员进行技术等级认证，不得收取审批认证费用。

第四章　裁判员注册管理

第二十一条　国家级裁判员每两年向中国龙舟协会注册一次，安排在每两年裁判员技术等级复试、认证、考核期间。

第二十二条　省级协会应至少两年一次对一级裁判员进行注册，同时将注册的一级裁判员名单报中国龙舟协会备案。

第二十三条　地市级与区县级协会应至少两年一次对二级、三级裁判员进行注册，同时向省级协会备案。

第二十四条　注册时须使用中国龙舟协会统一编制的注册登记表格。未在规定期限内注册的裁判员，注册年度内不安排裁判工作。

第二十五条　注册管理单位不得收取注册费。

第五章　裁判员权利和义务

第二十六条　各级裁判员享有以下权利：

一、参加相应各级各类龙舟比赛裁判工作；

二、参加各级协会组织的裁判员学习、培训与考核；

三、监督本级竞赛与裁判委员会的工作；

四、享受参加龙舟比赛时组委会规定的相关待遇；

五、对于裁判队伍中的不良现象进行检举；

六、对于受到的处罚有进行申诉的权利。

第二十七条　各级裁判员应当承担下列义务：

一、自觉遵守中国龙舟协会有关裁判员的管理规定，始终坚持良好的职业道德，廉洁自律，公平、公正执法；

二、努力钻研并熟练掌握龙舟竞赛规则和裁判法，注重积累经验、总结提高，不断提升执裁水平；

三、主动参加培训，积极参与裁判员队伍建设，促进裁判员队伍整体技术水平的提高；

四、积极主动承担审批单位指派的裁判工作任务；

五、主动配合有关机构进行裁判员执法情况的调查；

六、服从管理，并参加相应技术等级裁判员的年度注册和每两年举办一次的复试、认证、考核。

第二十八条 裁判员在国（境）外比赛执裁期间，应充分展现我国龙舟裁判员的水平及风采，充分利用执裁机会提升自身业务水平，做好国际友好交流工作；回国（境）后，应进一步做好总结报告和成果推广工作，促进我国龙舟裁判员队伍技术水平的整体提高。

第六章 裁判员的处罚

第二十九条 对违规违纪裁判员的处罚分为：警告、停止若干场次裁判执裁资格、停止裁判执裁资格 1~2 年、降低裁判技术等级资格、撤销裁判技术等级资格、终身禁止裁判执裁资格。

第三十条 对违规违纪裁判员处罚的程序

一、对裁判员的警告由比赛总裁判长提出，提交竞赛与裁判委员会决定。

二、停止若干场次裁判执裁资格的处罚，由总裁判长与赛区竞赛仲裁委员会共同提出，经竞赛与裁判委员会同意并报本协会审核。

三、停止裁判执裁资格 1~2 年、降低技术等级资格、撤销技术等级资格、终身禁止裁判执裁资格的处罚，由竞赛与裁判委员会，必要时联合赛区竞赛仲裁委员会共同提出，并报本协会批准，同时通报该裁判员原推荐认证单位。

四、对违规违纪裁判员做出停止若干场次裁判执裁资格以上处罚的，本协会必须事先通知被处罚的裁判员有进行申诉的权力及相关事项。

第三十一条　对违规违纪行为裁判员的处罚条件

一、警告：在赛区工作期间，不遵守赛区纪律的；经竞赛与裁判委员会或仲裁委员会认定的在临场执法中出现明显漏判、错判的。

二、停止若干场次裁判执裁资格：在赛区有酗酒滋事等不良行为；凡在同一比赛中受到两次警告的。

三、停止裁判执裁资格 1~2 年：

（一）经竞赛与裁判委员会或仲裁委员会认定在执裁中多次出现明显错判、漏判等较大工作失误，造成不良社会影响的；

（二）参与未经中国龙舟协会确认、批准或认可的赛事，以及未经中国龙舟协会批准即参加与龙舟运动相关的国际、国内组织活动并任职的；

（三）未告知中国龙舟协会并获得批准，擅自利用其职称、职务、职权出赛参与执裁或不听从中国龙舟协会总体选调，并造成不良社会影响的；

（四）未按期参加裁判员复试考核和复试考核不合格的（两年一次的国家级及以上裁判员复试考核）；

（五）国家级及以上裁判员未按期（两年一次）注册的；

（六）一年中连续两次评价为不合格的。

四、降低技术等级资格：经竞赛与裁判委员会或仲裁委员会认定多次出现明显反判、错判或漏判等重大失误，造成较大社会不良影响的。

五、撤销技术等级资格：经竞赛与裁判委员会或仲裁委员会认定多次出现异常反判、错判或漏判等重大失误，比赛场面严重失控，造成恶劣社会影响的。

六、终身禁止裁判执裁资格：经纪检监察部门或司法机关查实参与假赛、暗箱交易、操控比赛、赌船、收送钱物等非法行为的。

第三十二条 各参赛单位和个人均可向各级协会进行申诉和举报。要有书面材料和签名，要写明违纪行为发生的时间、地点、违纪事项、主要证据、涉及人员等。各级协会及时受理有关申诉、举报，并严格依据国家体育总局相关规定，做出调查处理。

第三十三条 中国龙舟协会以及各地方协会负责对相应等级的违规违纪裁判员做出处罚。地方协会不健全的，由当地政府体育主管部门向上级协会提出处罚意见，由上级协会对违规违纪裁判员进行处罚。

第七章 裁判员选调

第三十四条 本细则适用于中国龙舟协会确认、批准，主办和组织的国际国内各类型龙舟赛事。中国龙舟协会负责选派裁判员参加全国性和其他由本协会主办的龙舟比赛执裁工作，同时按照国际、亚洲龙舟组织（IDBF、ADBF）要求推荐裁判员参与在国（境）外举办的国际（地区）性龙舟比赛执裁工作。

第三十五条 全国性龙舟比赛的临场仲裁主任、仲裁副主任和仲裁委员、技术代表、总（副）裁判长、裁判长、裁判员，原则上须由专家技术人员、国际级、国家级裁判员担任，其他裁判员的技术等级应为一级以上。

第三十六条　裁判员选派原则

一、公开的原则：中国龙舟协会主办和批准的比赛及重要赛事由竞赛与裁判委员会常委会研究，并推荐人选。

二、择优的原则：根据比赛重要程度，优先选派技术等级高，具备良好职业道德，在以往重要比赛中未出现过明显错判、漏判等重大工作失误，能公平、公正执裁，讲团结、讲奉献的裁判员执裁。

三、就近的原则：举办全国性、国际性龙舟比赛及综合性运动会龙舟等赛事，在同等条件下应优先就近选派裁判员担任裁判工作，其中包括符合一级条件和专项要求的裁判员。

第三十七条　裁判员选派程序

一、比赛前一个月由中国龙舟协会竞赛与裁判委员会根据竞赛需要提出裁判人员名单，报中国龙舟协会。

二、名单经中国龙舟协会批准后，在协会网站上公示。

三、各参赛单位可对公示名单提出意见，并可对公示的裁判人员提出回避要求。

第三十八条　全国综合性运动会选派的裁判员，由中国龙舟协会根据选派条件、标准和程序，公开、公正进行选派，由体育总局统一公示名单，中国龙舟协会通过官方网站发布裁判员选调通知。

第三十九条　在国内举办的国际性龙舟赛事，按照国际龙舟组织（IDBF、ADBF）的要求选派裁判员，符合执裁资格以及选派条件的裁判员，由中国龙舟协会向国际龙舟组织（IDBF、ADBF）推荐。

第四十条　在册国际级、国家级裁判员参加非中国龙舟协会主办、组织、批准的龙舟赛事且担当裁判工作的，需在事前一个月向中国龙舟协会竞赛与裁判委员会及秘书处备案，获得批准后方可执裁。

第八章　裁判员监督与评价

第四十一条　比赛仲裁、技术代表、总（副）裁判长和由中国龙舟协会专门选调的专家，对裁判长的执裁过程进行监督，及时向竞赛与裁判委员会提出相关建议。比赛结束后，竞赛与裁判委员会对参与执裁工作的裁判员做出量化评价。

第四十二条　中国龙舟协会可采取无记名投票方式征求各参赛单位对主要裁判长执裁工作的意见，并做出量化评价。

第四十三条　中国龙舟协会竞赛与裁判委员会根据年度仲裁、总（副）裁判长、裁判长、裁判员工作记录等做出评价和综合考核，并将考核结果列出优秀、合格、基本合格、不合格等次，记入裁判员注册信息系统，同时予以公开，并作为选派裁判员的主要依据。

第九章　附　则

第四十四条　本细则解释权与修订权归中国龙舟协会。

第四十五条　本细则自印发之日起施行。原 2016 年 8 月 1 日施行的《龙舟裁判员管理实施细则（试行）》（社体协会字〔2016〕402 号）自行废止。

社体协会字〔2018〕173 号

中国龙舟协会关于加强民间龙舟活动组织工作的通知

各有关单位：

端午临近，各地民间龙舟活动趋于频繁。龙舟作为一项水上运动，具有一定的风险性。根据《中华人民共和国安全生产法》关于加强安全生产工作，防止和减少生产安全事故，保障人民群众生命和财产安全相关规定，中国龙舟协会制定了《中国龙舟竞赛规则》第六章水上安全条例，明确规定了水上安全保障相关要求，因此，各地在开展龙舟活动过程中应做到：

一、高度重视活动的安全工作，确保参与人员的人身安全。

二、加强对民间活动的组织与指导。各地体育职能部门及相关专业协会及社会组织应针对具有一定危险性的项目开展加强标准建设与指导。通过规范引导实现群众性体育活动安全、健康、顺利开展。

三、加强运动风险防范意识。群众性体育活动开展，应加强运动风险预防，活动组织单位应主动寻求专业团体之指导，制定风险防范预案，完善风险应对措施。

四、加强运动保险意识。各级协会及组织部门严格执行协会关于水上安全保障规定，凡参与龙舟训练及赛事活动人员，必须身体健康，会游泳，并穿着救生衣。同时参与人员应购买人身意外伤害险。

中国龙舟协会

2018 年 4 月 22 日

社体协会字〔2018〕186号

中国龙舟协会关于进一步加强举办龙舟赛事活动安全管理的通知

各有关单位：

为贯彻落实《中国龙舟协会关于加强民间龙舟活动组织工作的通知》（社体协会字〔2018〕173号），确保我国龙舟赛事活动的安全有序开展，保障参与群众生命财产安全，现就进一步加强举办龙舟赛事活动安全管理通知如下。

一、进一步加强龙舟赛事活动的安全管理

（一）举办龙舟赛事活动的单位要成立龙舟赛事安全工作领导小组，由安监部门、公安部门、体育部门、海事部门等部门（或具备相应职能的部门）构成，制定赛事工作方案及应急预案，严格落实安全生产主体责任。

（二）举办龙舟赛事活动的单位必须严格按照赛事活动申报流程向上一级有关部门备案。上一级部门必须管理和监督下一级赛事举办情况，按“谁主管谁负责”的原则，明确主承办单位的安全负责人，承办地当地政府为赛事监督和检查负责人。

（三）切实增强安全意识，切实加强体育赛事活动安全监管，特别要做好赛前检查和指导，抓好安全组织和管理。

1. 赛前组织赛事技术代表和总裁判长现场勘察比赛水域是否符合办赛条件（水的流速、水深、观赏条件等），排查安全风险点并由负责人签名确认，根据天气情况拟定比赛时间，如遇

恶劣天气（如台风、湍流等）调整赛事时间；

2. 参赛者需提供县级以上医院体检健康证明及具备不凭借任何辅助工具游泳 200 米以上距离的能力的证明；

3. 购置双重保险（赛事公众责任险和参赛人身意外险）；

4. 赛前召开组委会会议，加强对参与人员的安全知识宣传和教育，强调赛事穿着救生衣的作用及自防自救方法；

5. 做好赛前各类参赛人员的培训工作；

6. 做好活动场地、设施设备、临时搭建的建筑及水、电等事项的赛前安全检查，强化对防雷电、防山洪、防潮水和意外伤害社会保险等安全保障措施的检查落实。

二、进一步加强龙舟赛事活动的安全保障

（一）为确保龙舟赛期间参赛者及观看嘉宾、群众的安全，防止意外事故的发生，赛事组委会应专设安全保障组，明确专人负责现场安全工作，履行安全主体责任，做好现场安全监管。赛事组织者应该为大会配备有医疗资质的医生、救护船和救护车、医疗药品和其他医疗工具等，确保一旦发生险情能够及时有效组织救援。

（二）组织协调当地公安、交警、治安、巡逻队等安保人员，全程保障活动安全，全力做好各项安保工作。与此同时，组织医护人员和救生员，全程跟进，确保万无一失。另外，招募志愿者，做好人员的引导分流工作，协助赛事顺利进行。

（三）赛场需设置符合安全标准的观赛区、工作区，做到“文明观赛，安全第一”。

（四）直道赛、环绕赛，要配备至少 4 条救护船艇待救，每条救护船艇上配备救护人员 1～2 人，船上还应备有救生圈、拖

绳和竹竿等施救器材。

（五）参赛人员一律要求穿救生衣。

三、进一步加强对龙舟赛事活动的监督检查

各省、市、区职能部门及地方龙舟协会要加强对民间龙舟组织的安全指导，对本辖区、本部门组织开展的龙舟赛事活动（包括各地群众自发组织的各类龙舟赛事活动）加强巡查，实现无盲区。进一步加强对主办方及参与群众的安全教育和引导，督促和指导赛事活动主办单位和个人切实做好安全组织和管理工作。进一步举一反三，加强赛事活动安全隐患排查，落实安全生产防范和救援措施，坚决做到安全防范及救援措施不到位不开赛的要求，杜绝安全事故发生。

中国龙舟协会

2018 年 5 月 2 日

龙舟项目英语词汇与常用语
Words & Expressions

国际龙舟联合会　International Dragon Boat Federation（IDBF）

亚洲龙舟联合会　Asian Dragon Boat Federation（ADBF）

中国龙舟协会　Chinese Dragon Boat Association（CDBA）

国龙联世界龙舟锦标赛　IDBF World Dragon Boat Racing Championships（IDBF WDBRC）

国龙联俱乐部世界锦标赛　IDBF Club Crew World Championships（IDBF CCWC）

国龙联龙舟世界杯　IDBF Dragon Boat World Cup

亚洲龙舟锦标赛　Asian Dragon Boat Championships（ADBC）

龙舟　Dragon Boat

组委会　Organizing Committee

竞赛委员会　Competition Committee

国家和地区　Countries and Regions

直道赛　Straight Lane Race

绕标赛　Circuit Race

拉力赛　Rally Race

冰上赛　Race on Ice

往返赛　Shuttle Race

拔河赛　Tug of War Race

五人赛　5-people Race

追逐赛　Pursuit Race

陆地赛　Land Race

开幕式　Opening Ceremony

闭幕式　Closing Ceremony

颁奖仪式　Awarding Ceremony

公开组　Open Class

男子组　Men Class

女子组　Women Class

混合组　Mixed Class

青少年组　Junior Class

精英组（成年组）　Premier Class

老将组　Senior Class

领队　Team Leader

教练　Coach

运动员　Athlete

替补队员　Reserve Athlete

队长　Captain

划手　Paddler

舵手　Steerer

鼓手　Drummer

锣手　Gong Beater

拔旗手　Flag Catcher

裁判　Race Official

仲裁　Jury

技术代表　Technical Delegate

总裁判长　Chief Official

副总裁判长　Deputy Chief Official

编排裁判　Race Secretariat
赛道裁判　Course Umpire
起点裁判　Starter
终点裁判　Finish Judge
检录裁判　Boat Marshal
计时裁判　Time-Keeper
宣告员　Announcer/Commentator
安全员　Safety Officer
终点摄像员　Photo-finish Operator
计时系统操作员　Timing System Operator
船艇驾驶员　Boat Driver
医疗人员　Medical Staff
划桨　Paddle
舵　Steer
鼓　Drum
锣　Gong
旗　Flag
救生衣　Life Vest
比赛场地　Racing Course
危险信号旗帜　Signaled Danger Flag
登舟平台　Boarding Platform
起点平台　Starter's Platform
发令裁判台　Starter's Tower
终点裁判塔　Finish Tower
出发区　Start Area
赛道　Racing Lane

报名表　Entry Form
反兴奋剂　Anti-Doping
预赛　Heat
复赛　Repechages / Reps
轮次赛　Round
半决赛　Semi Final
末尾赛　Tail Race
排位赛　Plate Final
小决赛　Minor Final
决赛　Grand Final
距离　Distance
信息公告　Information Bulletin
抽签　Draw Lots
裁判法　Rules of Racing
竞赛规则　Competition Regulation
水上安全条例　Water Safety Procedures
编排原则　Race Programming Principle
运动员责任　Crew Responsibility
登舟　Embarking
上岸　Disembarking
迟到　Late Arrival
出发位置　Starting Position
起航线　Start（Starting）Line
终点线　Finish（Finishing）Line
发令员信号　Starters Commands
“准备好了吗？”　“Are you ready?”

“注意” “Attention”
“出发” “Go”
抢航 False Start
处罚 Penalty
召回 Recall
警告 Warning
超越 Overtaking
超越标志 Overtake Sign
撞船 Collision
翻船 Boat Swamping
舟艇损坏 Boat Damage
穿过终点线 Crossing the Finish Line
名次相同 Identical Places
时间相同 Identical times
争议 Dispute
比赛抗议 Racing Protest
抗议费 Protest Fees
裁决 Decision
取消资格 Disqualification
申诉 Appeal
时限 Time Limit
申诉费 Appeal Fees

中华龙舟大赛点睛词

一点眼睛，风调雨顺，国泰民安；
二点天庭，吉星高照，鸿运当头；
三点鼻子，和谐幸福，万家平安；
四点口利，笑口常开，大吉大利；
五点龙角，愿龙舟为我们带来健康、吉祥、如意！